暮らしの中の

のんばーばるコミュニケーション

愛蔵版

～小さな幸せを取り戻すために～

東山安子
Yasuko Tohyama

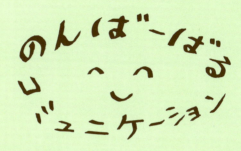

はじめに

初孫が生まれ、還暦を迎えたとき、私の目の前には未来に続く道が新たに開けた気がしました。命の循環に感動し、この世に生まれたすべての命が希望に満ちた幸せな日々を送ってほしい、私たちの生きている地球が穏やかで、健やかで、平和でありますようにと願ったのです。そして、人間らしい幸せな暮らしのために、何か私にできること、伝えられることがあるのではないか、次世代に受け継いでいくことがあるのではないか、そう自問するようになりました。

私は三十五歳から大学の教壇に立ち、ノンバーバル・コミュニケーション（非言語コミュニケーション）と異文化コミュニケーションを教えてきました。ノンバーバル・コミュニケーションという分野とは、大学の卒業論文のテーマとして、二十歳の頃に出会いました。それ以来、この分野のあたたかさや奥深さに惹かれ、自分の専門分野としてずっと関わってきました。学問的調査をするときだけでなく、暮らしていても、本を読んでいても、常に私の中には、「ノンバーバル・コミュニケーション」という視点が存在してきたのです。

十四年前に生き方を再考するきっかけが訪れました。専任の仕事を非常勤に切り替え、都内から海の近くへ引越して、ライフスタイルを変えました。自然でシンプルなスローライフを送るうちに、今まで学問として関わってきたノンバーバル・コミュニケーションを暮らしの中で捉え直し、知識としてより、「ノンバーバル・コミュニケーションの心」を伝えていくことが自分らしい生き方ではないかと思うようになりました。

読む本も専門書から一般書へと変わりました。本は著者との出会いです。この十四年間にどれだけの本を読み、どれだけたくさんの著者からメッセージを受け取ってきたでしょう。読みたいと思う本は、次々と私の前に現れ、今でも留まることなく次につながっていきます。読むにつれ、私の中では専門書では感じられなかった様々な人の感じ方や考え方、生き方にふれることになり、その幅の広さや奥深さに惹かれるようになったのです。本書には、私が共感したこれらたくさんのメッセージを、私の視点で紡ぎ直し、織り込んであります。もともと、ノンバーバル・コミュニケーションという分野は広い分野です。

言語のみを研究する学者が多い中で、私はこの広い視野から言語を捉え、コミュニケーションについて考えてきました。異文化コミュニケーションも、日本だけを見ていくのではなく、様々な文化のあり方や多様性の中で多文化共生を考えていく分野です。ライフスタイルを変えたことで、この視野を広げた見方を日々の暮らしにも向けるようになりました。具体的には、住まいを移した湘南の暮らしから都会生活を見直し、仕事と暮らしを組み合わせる働き方に移行して、フルタイムという仕事中心の生活を振り返りました。また、人間中心の見方から地球の生物の一種として人間を捉えることで見えてきたこともたくさんあります。それらを、読者のみなさんと一緒に考えていけたらと思います。

この本では、暮らしの中で捉えるあたたかなコミュニケーションという意味を込めて、ひらがなを使った「のんばーばるコミュニケーション（のんばーばるcom）」という書き方をしています。私が四十年間関わる中で感じてきた「のんばーばるコミュニケーションの心」をお伝えし、それを暮らしに取り入れることで心が潤い、日々の暮らしに小さな幸せが生まれることを感じていただけたらうれしいです。

私の教えた学生たちは、家族を作り子育てを始めている人も多くなりました。

私は若い人たちに、時代に流されるのではなく、自分なりの生き方を選んで、小さな幸せを見つけ、夢をもって生き生きと暮らしてほしいと願ってこの本を書きました。一人ひとりが、人間としてどう生きたいか、ポリシーをもって選択していくことが大切です。みなさんたちの未来が、「暮らしの中ののんばーばるコミュニケーション」に気づくことで、ほのぼのとあたたかいものになることを心から願っています。

東山安子

鵠沼の離れにて
二〇一五年十一月十二日

yasuko

目次

はじめに　1

第一章　心の交流とのんばーばるコミュニケーション　10

■コミュニケーションは心の交流　10
■のんばーばるコミュニケーション（のんばーばるcom）とは？　14
■赤ちゃんはのんばーばるコミュニケーションの達人　21
■のんばーばるコミュニケーションは言葉の生まれる源　25
■言葉とのんばーばるコミュニケーションが異なる気持ちを伝えてくるとき　29
♥真のコミュニケーションは心の交流が核　33

第二章　五感とのんばーばるコミュニケーション　35

■五感はのんばーばるコミュニケーションのアンテナ　35
■五感がそろわないとのんばーばるコミュニケーションは受け取れないか　43
■光と音のない世界　50

♥五感を開いてのんばーばるコミュニケーションを受け取ろう！ 55

第三章　人間関係とのんばーばるコミュニケーション 59

■あいさつは人間関係を開く扉 59
■のんばーばるコミュニケーションで人との関係を築く 67
■顔を合わせないやりとりの基本はのんばーばるコミュニケーション 77
♥人間関係を築くには「会ってのんばーばるコミュニケーションを交わすこと」 81

第四章　異文化とのんばーばるコミュニケーション 82

■文化ごとに異なるのんばーばるコミュニケーション 82
■「見る文化」と「ふれる文化」も異文化 97
■多様性の理解「違って当たり前」 100
♥のんばーばるコミュニケーションの多様性をポジティブに楽しむ 103

第五章　空間・場とのんばーばるコミュニケーション 106

■人にはパーソナルスペースが必要 106
■心の交流のための「空間」を選ぶ 113
■家の間取りと家族のコミュニケーション 118
■生きる場は自分で選ぶ 123

♥ 空間と場はコミュニケーションの大切なコンテキスト 129

第六章　時間とのんばーばるコミュニケーション 131

■ 時間に追われる現代生活と人間らしいテンポの暮らし 131
■ 時計を持たない暮らし 138
■ モモの物語 144
■ スローライフは人とつながる暮らし 150
♥ 「時は命」　創り手の時への感謝の表し方 154

第七章　アート・色とのんばーばるコミュニケーション 156

■ アートとの「のんばーばる対話」 156
■ 心を元気にするアートの力 162
■ 自由な色使いと自然な色の美しさ 167
■ 手仕事に込められる祈り 172
■ 暮らしを彩るアート・色・香り 175
♥ アートも色も「生きる元気」をくれる！ 180

第八章　自然とのんばーばるコミュニケーション 182

■ 自然の懐に抱かれる心地よさ 183

■自然とのんばーばるコミュニケーションすることの意味　196
■命を育む地球への感謝の気持ち　200
♥「自然がくりかえすリフレイン」と生きる力　204

第九章　命の循環とのんばーばるコミュニケーション　207

■赤ちゃんはお母さんを選んで生まれてくる　207
■魂が身体から離れるとき　215
■いのちのバトンとゆるす愛　219
■百歳を超えて尚、生き生きと生きる　225
♥「身体があること」は、のんばーばるコミュニケーションを楽しむため　230

第十章　幸せとのんばーばるコミュニケーション　232

■幸せって何だろう？　233
■家族でおいしいご飯を食べる幸せ　238
■自然に支えられる幸せ　244
■人と心が通じる幸せ　248
♥のんばーばるコミュニケーションで幸せの種を蒔く　253

おわりに　256

愛蔵版に寄せて　260

第一章　心の交流とのんばーばるコミュニケーション

■コミュニケーションは心の交流

現代の都会生活では、家族それぞれが多忙な日々を送っています。交わされる会話といえば、「明日の予定は?」「夕飯はいるの?」「何時にどこに行けばいい?」といった、返事が一言で終わるような情報交換をするのがやっと、ということがよく起こります。家族が一日どのような気持ちで過ごし、何を感じ何を考えたのか、そういうお互いの心の動きを共有し合う時間はなかなかとれません。その時、その時の心の動きを共有しない暮らしに慣れてしまうと、次第に心を伝えなくなってしまい、すれ違いが起こりがちです。気がついたときには、一朝一夕には埋められないほど深い溝ができてしまい、どこからどう話したら自分の気持ちをわかってもらえるのか、途方にくれます。

「忙しい」とは心を亡くすと書きます。都会の生活は何かと忙しいのです。そして、忙しい人ほど、頑張っていてえらいと評価されがちです。しかし、心を亡くすとは自分の心の声も人の心の声も聞く余裕がないことと認識すると、心の交流のとれない現代生活は、評価されるどころか、虚しい日々の繰り返しではないかと思えてきます。

日々の生活の中で情報を確認し合うことは必要です。しかし、そればかりになると、心が乾いてきます。昨今はメールのやりとりが多くなりましたが、仕事上のメールは時々冷たいと感じることがあります。相手はよく知っている人なのに、事務的なのです。仕事なのだから時候の挨拶や健康を気づかったりする部分はむしろ削ぎ落として、という考えもあるでしょう。しかし、仕事をしている相手や担当者と気持ちを通わせながら仕事をしたいと考えると、事務的なメールには潤いがなく、相手の人柄や温かさを感じることもできません。「今日はいいお天気ですね」「桜の花がほころんできました」とほんの少し言葉を添えるだけで、仕事上のメールも温かさを取り戻し、気持ちよく朝の仕事を始めることができます。私はいつも住まいのある湘南の季節の香りをメールに書き込みます。そして、メールの最後には、「今日も穏やかな一日を」と言い添えます。

日常の暮らしで気をつけたいのは、忙しいがために削ぎ落とされた仕事上の事務的な情報交換のやり方が家庭にまで持ち込まれ、次第にそのことに気づけなくなっていくことです。仕事場と家庭でコミュニケーションの仕方を切り換えないと、家庭はほっとできる場、自分の身体と心を休める場とはならず、社会のよろいを身につけたまま、また翌日出かけることになってしまいます。そうならないように、家に帰ったら緊張で上がった肩を下ろし、温かいお茶でも飲みながらリラックスして、家族とお互いの一日の心の動きを共有しあう時間をとる、という暮らしのリズムが大切です。そうすることで、家族の間にはいつも心の交流があり、「暮らしを共有している安心感」が生まれるのです。

◆心の交流には「会う」ことが大切

心や気持ちを通わせることがコミュニケーションの本質であると考えると、実際に会って目の前にいる相手の存在を五感で感じ、時間を共有することが大切でしょう。顔と顔を合わせて一緒に時を過ごす、改めて言うまでもなく人と人のつながりの基本はここにあります。目は様々なことを物語ります。相手と視線を交わすのが苦手という人もいますが、目と目を合わせることで、相手の気持ちは伝わってきます。目だけではなく、顔の表情やその人の姿勢からも相手の心の状態が伝わってきます。

心の交流は、双方向であることをお互いが実感できてこそ心に残ります。「伝え合い」という言葉には、一方的ではなくお互いが話したり聞いたりするという意味が入っています。お互いに自分の考えや気持ちを伝え合うことで、一緒に時を過ごしたことが「幸せな余韻」として心に残り、話して良かったと思えるのです。

心の交流には、お互いが同じ時間の流れの中にいることを感じることも大切です。お互いの「呼吸のリズム」とでもいうべきものが一緒になっていないと、気持ちを伝える気になりません。仕事から帰ってきた人は、社会のスピードをそのまま家庭に持ち込みがちです。仕事をしていたときと同じスピードで話し始めてしまうと、家庭に流れていた穏やかな空気は乱されます。少しクールダウンして、いつもの落ちついた呼吸のリズムに戻らないと、話したいことがあってもそれを伝える気にはならず、心にふたをしてしまいがちなのです。

現代では、社会のテンポは速くなるばかりです。もともとテンポの速い会話についていくのが苦手な人もいるでしょう。仕事上ではスピードを求められがちですが、仕事に疲れたとき、いつもゆったりペースを保っている友人に会って、癒されたいとも思うのです。私はよく近所に住むアメリカ人の友人の家に立ち寄りました。彼女は華道をやっていて、華展では鮮やかなピンクのロープを使った現代的な作品を創ったりするアーティストです。忙しい日々の合間に行くと、いつもティーポットでていねいに紅茶を入れてくれて、しばし英語でのおしゃべりに花を咲かせ、ほっとして帰途についたものです。ゆったりとした時間を共有することで、私の心は落ち着きを取り戻せたのです。

■のんばーばるコミュニケーション（のんばーばるcom）とは？

相手と心を通わせるには、実際に会って時間と空間を共有することが大切です。そのときに交わされるのは、言葉だけではありません。言葉によらない気持ちの伝え合いを Nonverbal Communication（NVC）といい、ノンバーバル・コミュニケーション、非言語コミュニケーションと訳されます。実際に顔を合わせたときの心の交流にはこれが大きな役割を果たしています。私は、これからお話しするノンバーバル・コミュニケーションを、「暮らしをあたたかにする知恵」として伝えたいと考え、この本ではそれを表わすためにひらがなを使って「のんばーばるコミュニケーション（のんばーばるcom）」と書き表すことにします。

◆第一印象・服装・髪型

具体的にはどんなものがあるでしょう。まず、相手と会ったときの「第一印象」に関わる外見、服装の色や形、髪型、持ち物などが入ります。自分が身につける物は、自分を表しています。親しい人なら、服装や髪型に変化があれば、何か心境の変化があったのではと気づ

12
3
6
9
時間
第一印象・服・髪型・色・香り
視線
声
心
泡空間
距離
身ぶり手ぶり・顔の表情・ふれあい・姿勢
のんばーばるcom
空間・場

くでしょう。初対面の人なら、外見から相手がどんな人かを想像するのではないでしょうか。また、お祝い事や仏事には、それぞれにふさわしい服装をすることが、自分の気持ちを伝えることになります。

目上の人や初対面の人に会うときには、相手への敬意を表すために服装を整えます。雑誌『日経おとなのOFF』で「しぐさで伝えるグローバルコミュニケーション」という記事のアドバイザーをしたことがあります。副編集長の方と女性のライターさんが鎌倉プリンスホテルまで来て下さいました。そのときのライターさんは、春らしい桜色の着物姿でした。彼女は、「初対面の人への敬意を込めて着物を着ています」と話され、とても感動しました。また社会人学生が、「今日は先生への敬意を表すために白を着てきました」と言ってくれたこともあります。着るものは自分の気持ちを表すものです。会う相手を思って服装を選ぶということの大切さを彼女たちから教わりました。

◆声の表情・顔の表情・視線

実際に話を始めると、「声の表情」がその人の個性や感情を表します。太くて低い落ち着いた声、明るく華やかな高い声、小声でゆっくり話す人、大声で早口に話す人など、いろいろな声質や話し方の個性があり、その人の人柄や状況を表します。また、母親が子どもを呼ぶ優しい声、友人の明るく弾んだ声、上司の怒った声など、気持ちや感情も「声」に表れます。

「顔の表情」も気持ちや感情を表します。怒った顔、笑顔、泣き顔、明るい顔、暗い顔など、顔の表情は多くを物語ります。そして「目は心の窓」。子どもの頃、叱られて心にやましいことがあると親の目を見られなくて下を向いてしまったこと、ありませんでしたか？　相手に話しにくいことを伝えなくてはならないときも、なかなか目を見られません。目を合わせると、気持ちを読まれてしまいそうな気がします。でも、相手のすべてを受け入れたいと思っている恋人同士は、ずっとみつめあっていますね。

◆身ぶり・手ぶり・姿勢・ふれあい

「身体」を使った伝え合いもあります。「身ぶり、手ぶり、ジェスチャー」は、言葉の代わりもしますし、言葉を強調したり、補ったりもします。「姿勢」もその人の気持ちを表します。疲れていたりがっかりしたことがあれば、肩が落ちて背が丸まり、元気で自信があれば、姿勢はしゃんとします。姿勢は上下関係も表します。椅子の背に寄りかかり腕を組んで座っている人と、姿勢を正して手を両膝に置いている人が対面していれば、どちらが上司かすぐにわかります。

「ふれあうこと」でも、気持ちが伝わります。赤ちゃんと母親のスキンシップは、人間として必要な根源的なふれあいでしょう。抱っこしたり、おんぶしたり、頬ずりしたりすることで、愛情が伝わります。大人になるとふれあいが比較的苦手な日本人は、握手やハグ、手をつなぐことを避ける人も多いのですが、海外生活の長かった人や、ふれあうことを大切にしている人は、家族同士、友人同士でハグや握手をして気持ちを確かめ合うこともあります。湘南に住む若者の一人は、ふれあうことが大切だと感じ、家族といつもハグし合っていると話してくれました。

◆空間と時間

相手と話をするとき、相手との間にとる「距離」も、無意識に自分の気持ちを表すのんばーばるcomです。上司や先生ならこれ以上近づきたくないと距離をとるかもしれませんが、親しい友人なら近くに寄ります。恋人同士なら、いつもぴったり寄り添っているでしょう。人は自分の身体の周りに「パーソナル・スペース」と呼ばれる泡のような空間をもっていると言われます。これが相手によって広がったり、狭まったりすることで、自分の相手への気持ちを無意識に表しています。

「座席」もいろいろなことを伝えます。仕事上の接待なら、上座・下座をわきまえていなくてはなりませんし、車に乗るときも失礼のないように席を勧める必要があります。座席は「縄張り意識」とも関連があります。自分の家の食卓の席は決まっていませんか？　そこは、一種の自分の縄張りでもあります。大学の授業は席が自由ですが、何回か授業を重ねるうちに、それぞれの学生の座る席が不思議と決まってきます。いつも最前列に座る学生は、その授業に関心がある、とよくいわれます。

「時」もその人の相手に対する気持ちを無意識に表すのんばーばるcomです。日本では、待ち合わせの時間に遅れることは失礼であると考えられています。特に、仕事上の訪問や、目上の人と会う場合には時間厳守が求められます。しかし、友人となると気がゆるみます。親しければ相手の個性がわかっているので、遅れ気味の人、いつも早く来る人と、それぞれに対応することもできます。「生きるテンポ」も人によって異なります。いつもせかせかしている人もいれば、ゆったりしている人もいます。子どもや老人など年齢によっても生きるテンポは異なります。相手の生きるテンポを尊重することが大切です。

◆色と香り

「色」もその人の気持ちやその時の状況を表します。私は教壇に立っていたとき、比較的、はっきりした色の服を好んで着ていました。今考えると、忙しい日々を過ごすのに色から力をもらっていたのでしょう。海の近くに越して来て、スローでナチュラルな暮らしを始めた私は、自然素材の服を好むようになり、きなりやベージュ、モスグリーンなどの自然の色に近い草木染めのものを身につけるようになりました。これも、自分の暮らし方が好みの色に反映し、私ののんばーばるcomとなっているのです。衣服ばかりでなく、自分の部屋のカーテンやインテリアの色もその人を表します。

「匂いや香り」ものんばーばるcomです。人にはそれぞれその人特有の匂いがあります。赤ちゃんはおっぱいの甘い匂いがします。幼い子どもは、お母さんの匂いをよく知っていて、お母さんの匂いのするおふとんに入ると安心して寝つきます。香りののんばーばるcomについて話をしたとき、アメリカ留学から帰って来た学生がこんな話をしてくれました。帰国後ホストマザーが送ってくれた手紙の封を開けたら、いつも彼女がつけていた香水の匂いがして、とても懐かしかったと。手紙にいつも自分が使っている香水を一滴たらしてくれたのでしょう。とても素敵なコミュニケーションです。家にもそれぞれ匂いがあります。街角でふっと嗅ぐ匂いから、幼い頃友人の家で遊んだことを思い出すこともあります。懐かしい匂いは、瞬時に懐かしい情景を思い出させてくれます。

のんばーばるcomはこのように多様で多彩です。こんなに様々なものが、相手の気持ちを表し、自分の気持ちも表しているのです。人と会えば、無意識の内に、自分の気持ちがのんばーばるcomを通してにじみ出ているともいえましょう。

■赤ちゃんはのんばーばるコミュニケーションの達人

のんばーばるcomは何かと考えたとき、一番わかりやすいのは、赤ちゃんとのコミュニケーションです。赤ちゃんはこの世に生まれてきたとき、まだ言葉は話せません。しかし、目を見るとじーっとこちらの顔をみつめてきます。ご機嫌がいいとにこにこ笑い、名前を呼んだり話しかけたりすると声を出して応えてくれます。赤ちゃんとののんばーばるcomには、幸せがたくさん詰まっています。

初孫が生まれたとき、赤ちゃんと気持ちを通わせるには、「目と目を合わせること」と直感しました。相手の目を見るということは、相手を認め相手の存在を受け入れるということです。赤ちゃんも生まれてきた自分を心から喜んで受け止めてもらうことで、両親をはじめ周囲の人から生きるエネルギーをもらうのでしょう。

「スキンシップ」は愛情の伝え合いです。お母さんに抱っこされると、赤ちゃんは安心した顔をします。最近は抱っこしているお父さんもたくさん見かけます。家族の温かさが伝わってくる素敵な光景です。肌のふれあいがないからか、孫はバギーを嫌がりました。バギーは視線の高さも違うので、お母さんと見ている世界が違ってしまう上、対面型でなければお母さんの顔も見えません。その点、抱っこならお母さんのぬくもりをずっと感じられるし、心臓の音も聞こえるし、呼吸も感じられます。眠っていて目覚めたときにも、顔を上げれば、お母さんやお父さんの優しい顔がすぐそこにあって安心できるのです。

話しかけると、赤ちゃんはいろいろな「声の表情」で応えてくれます。孫に「かわいいねえ」と目を見て話すと、じっとこちらの目を見て「くうくう」とあたかも返事をしているかのように声を出します。だんだんと、高い声できゃっきゃと言ったり、ぱぴぷの音が出せるようになったり、食べたいものがあれば「あっあっ」と声を出して欲しがったり、こうやっていろいろな声を出しながら言葉を話すようになるのだと感動します。

話しかけると、声だけでなく、笑ったり、手足をバタバタさせるなど、身体全体を使って応えてきます。これものんばーばるcom です。相手が目の前にいれば、のんばーばるcom だけでも自分の気持ちや感情を十分伝えることができるのです。周囲の人がそれを受け取ってあげられる感性があるなら、赤ちゃんは、本当に有能なのんばーばるcom の使い手と言えるでしょう。

◆赤ちゃんのジェスチャーは言葉への架け橋

赤ちゃんは顔の表情も声の表情も身体の動きも実に多彩です。しかし言葉を話すようになるには、まだしばらく時間がかかります。この時期に赤ちゃんの伝えたいことをお母さんに伝える手段があったらと思いませんか？　実はこれがリンダ・アクレドロとスーザン・グッドウィンというアメリカの心理学者たちが名付けた、「ベビーサイン」といわれるものです。リンダは娘が一歳になった頃、手で何かサインを送ってくることに気づきます。それは娘からの手のジェスチャーを使った言葉でした。興味をもった心理学者たちは、言葉かけと一緒に手でジェスチャーをするようになります。すると彼女はそれを覚えて、ジェスチャーで話しかけてくるようになったのです。

この話を読んで、私も孫とジェスチャーで話をしてみたくなりました。娘はさっそく、講習会に息子を連れて参加しました。私の時代は、子連れで参加できて楽しめたり、学べたりする場はほぼ皆無でしたが、この頃はいろいろな場が提供されています。ベビーマッサージ、これも一つの赤ちゃんとお母さんののんばーばるcomでしょう。子連れ歓迎のジャズコンサート。ランチタイムにカフェで行われ、歌っているジャズシンガーも自分の子を胸に抱っこしながら歌っている、なんて素敵なことでしょう。わらべうたの会というのもあります。日本に古くから伝わるわらべうた。手遊びを交えながら、ゆったりとしたやさしい調べをお母さんたちが歌うと、赤ちゃんも幸せな気持ちに浸れます。歌や音楽を介した気持ちのやりとりものんばーばるcomです。

話を戻しましょう。孫は講習会に参加してから、いろいろなサインを使うようになり、水が飲みたいのか、おっぱいが欲しいのかをジェスチャーで伝えてきます。一度、階段から落ちたことがあり、翌日に会いに行ったら、私を階段の所に連れて行き、両手の人差し指の先を合わせて「痛い、痛い」というジェスチャーをし、「痛かったんだよ」という気持ちを伝えてきました。

また、こんなこともありました。娘は音楽教室を開いていて、グループレッスンが終わった後に手づくりのお菓子を出しています。ある日、お菓子を食べた一歳の女の子が、ほっぺたを片手で叩いて「おいしい！」とジェスチャーでメッセージを伝えてきたのです。これも、言葉ではまだ会話できないのですから、サインがあったからこその、心の交流といえます。

ジェスチャーで伝えられるようになると、言葉が出にくくなるのではと心配する人もいるようですが、私は言葉が話せない時期に、赤ちゃんがジェスチャーを使ってお母さんや他の人と意志の疎通ができるのは、素晴らしいことだと思います。「今、ここ」で目の前の相手に自分の気持ちを伝えられて、赤ちゃんも幸せでしょう。水が飲みたいのに、おっぱいと間違われて泣き続けるより、ジェスチャーで伝えることができるのですから。二人目の孫も、両手でおっぱいのサインをしながら駆け寄ってくるといいます。赤ちゃんのサインは、その姿全体が実にかわいらしく、お母さんを笑顔にさせる力をもっています。その愛らしい姿は、いつまでも親の心に「あたたかな光景」として刻まれるのです。

■ のんばーばるコミュニケーションは言葉の生まれる源

この赤ちゃんのサインは発音ができるようになるにつれ次第に姿を消し、言葉に置き換わっていきます。ですから、これらのジェスチャーは、言葉の代わりだったといえます。言葉とのんばーばるcomとは、どのような関係にあるのでしょうか。

久しぶりに友人に会うとき、その人の姿、顔色、顔の表情、服装などに目がいきませんか？　相手の姿を見て、「元気そうだね」とか、「ちょっと疲れてる？」などの言葉が出てきます。

つまり、のんばーばるcomが相手の状況を判断する土台、言葉が生まれてくる源となっているのです。しかし、ここで相手の変化に気づける感受性やゆとりがないと、相手を思いやる言葉は生まれてきません。「察しの文化」と言われ、日本人が本来は得意としてきたことです。

◆聞き手ののんばーばる反応で言葉を調節

人と会って話をすると、自分が話したことに対して相手の反応が刻々と伝わってきます。笑顔でうなずいてくれれば、共感してくれているのが感じられますし、逆に顔がこわばれば、頼んだことは受け入れてもらえそうもないとわかります。

聞き手は無意識のうちに、のんばーばるcomで話し手に反応を表します。教壇に立って話をしていると、学生たちが興味をもって聞いているときは、講義を聞いている百人の目がこちらをじっと見つめてきます。逆にちょっと興味が薄れると、下を向いたり横を向いておしゃべりを始めるので、その反応を見ながらこちらの話を調整して講義を進めます。皆がじっとこちらを見てくるときは、もっと例を挙げたり繰り返したりして話をふくらませますし、あまり関心がないと感じるときは話題を次に移します。教育実習に初めていく学生たちは、生徒たちの目が一斉に自分に向けられると、それに耐えられずに下を向いてしまうといいます。しかし、慣れてくると、目と目を合わせることが生徒たちとのコミュニケーションの楽しみになるのです。

一度、ビデオ教材を作るために、講義をビデオ撮りしたことがあります。当然、目の前にいつもいるたくさんの学生たちはいません。この状態で話をするのはとてもつらく、言葉がなかなか続きませんでした。いつもの講義では、目の前でこちらを見たりうなずいたりしてくれる学生たちがいるからこそ自分は話ができるのだと、学生たちに感謝しました。

相手と顔を合わせていれば、相手の顔の表情や視線や声などから、自分の言葉を調節できます。いくら言ってもわかってもらえないと感じれば少し強い調子で注意したり、逆に言う前から相手は反省していると感じれば、少し優しい声でアドバイスしたりできます。つまり、相手ののんばーばるcomを感じながら「言葉を調節」することで、相手を傷つけなくてもすむようになるのです。リアルタイムに相手と心を通わせ、気持ちを伝え合うことができれば、たとえ、途中で真剣な言い合いや、苦言を呈することがあったとしても、心を開いて語り合った満足感と、この関係がまた次に続いていくうれしさが残るのではないでしょうか。

◆相手のいつものの んばーばるcom を把握していることが大切

のんばーばるcom の表し方はその人、その人によって個性があります。いつも明るく元気な声ではしゃぐ人、常に物静かで小さな声で話す人など。これは一人ひとりの個性であり、善し悪しの問題ではありません。また、その人のいつもの状態がわかっていないと、相手の気持ちは汲み取れません。いつも元気な人が黙っていれば、「どうしたの?」となりますし、いつも物静かな人が、目をきらきらさせてにっこり笑っていれば、「何かいいことあったの?」となるのです。

教師は、生徒一人ひとりのいつもの状態を把握していることが大切です。一クラス三十人から四十人のクラスの担任をしていれば、それはなかなか大変かもしれません。しかし、いつもとどう違うのかを、顔の表情、声の出し方、姿勢、視線などから感じとって、何かあったと感じれば、声をかける必要があるでしょう。教師というのは、観察眼が要求される仕事です。

◆言葉とのんばーばるcom は補い合ってコミュニケーションを成り立たせている

三省堂の小学校三年生の国語の教科書に「身ぶりのはたらき」という文を寄せました。その中で、言葉と身ぶりはお互いに助け合い、補い合って、相手とのコミュニケーションを成り立たせていると書きました。例えば、道案内で方向を示すとき「こっちの方へ真っすぐ行って下さい」と言っても、言葉だけではどの方向かわかりません。手で方向を指し示して、はじめて「こっち」が意味をもちます。また、「昨日散歩したときに出会った犬はこんなに大きかった」というときも、両手を広げて大きさを示すからこそ、その大きさがわかります。

相手が遠くにいて声が届かないときは、身ぶり手ぶりのジェスチャーが活躍します。混雑したカフェで席が空いているかどうか見に行った友人がOKサインを送ってくれれば席は空いているとわかりますし、両手で×印を送ってくれれば、満席なんだという意味です。図書館やコンサート会場などの静かにすべき所では、声は出さずに人差し指を口に当てて「静かに」と伝えられます。これらは、言葉を使えない場合に、言葉の代わりをしているのです。

■言葉とのんばーばるcomが異なる気持ちを伝えてくるとき

言葉とのんばーばるcomは時折、異なる気持ちを伝えてくることがあります。「話、聞いてる?」と問いかけて、「聞いてる、聞いてる」と言われても、目が何か違う物を見ていたり上の空だったりすれば、「聞いてる」という言葉と、相手の様子や態度からくるのんばーばるcom は異なるものを伝えてきます。そういう時、どちらが本当だと感じるでしょう。私たちは本能的に、のんばーばるcom の伝えてくることが本音だと感じます。

子どもは、親の言葉とのんばーばるcom の伝えてくることが同じでないと不安になります。お母さんに怒られて泣いている子どもは、「もういいから、怒ってないから」と言われても、その声や態度がぷりぷりしていれば決して泣きやみません。「ほら、おいで。もう大丈夫。今度は気をつけようね」と抱っこしながらやさしく言えば、ピタッと泣きやみます。子どもは、言葉とのんばーばるcom が同じ気持ちを伝えてこないと、安心できないのです。「言ってることと、やってることが違う」という表現も言葉とのんばーばるcom が食い違うことを表しています。小学生もこういうことには敏感です。先生がいつも言っていることが、実際にやっていることと違うと不信感を抱きます。教師の方も、生徒に注意したときに「はい」と返事をしたのに、少しも行動に結びつかないと感じることもあるでしょう。「返事だけはいいんだけど口先だけなんだから」ということになるのです。

言葉とのんばーばるcom が食い違う場合は、そこに何かメッセージが含まれています。気持ちが定まらずに迷っている状態を表したり、頭ではそうすべきだと思っているのに気持ちがついてこないことを表しているのです。メッセージが食い違うときこそ、本音はどうなのだろうと、注意深く耳を傾けることが大切です。

◆言葉とのんばーばるcom の一致は信頼感につながる

相手に自分の気持ちが本気であることを伝えるときや、相手を説得したいときは、言葉とのんばーばるcom が自然と一致します。帰りの遅い子どもを心配していたら、やっと道の向こうに姿が見えたというとき、駆け寄って「遅いから心配していたんだよ」と抱きとめれば、どんなに心配していたかという気持ちが十分に伝わります。

幼い子どもはいつも言葉とのんばーばるcom が一致していると感じます。怒っているとき、泣いているとき、楽しくてはしゃいでいるとき、うれしくてにこにこしているとき、話す言葉と、声の表情や顔の表情は一致しています。こういう真っすぐな気持ちの表し方は相手に伝わりやすいのです。

しかし、いつの頃からか、「大丈夫」と言いながら浮かない顔をしていたり、「どうかした？」と聞いて「何でもない」と否定しているのに、明らかにいつもと様子が違うなど、言葉とのんばーばるcom の伝えてくることが異なってくることも増えてきます。大人になるにつれ、それだけ気持ちが複雑になってくるからでしょうか。また社会生活の中で、できるだけ相手を不快にさせないようにと日本人的配慮をすると、本心とは違う言葉と態度で相手に接することも出てきます。こうなると、相手の真意はなかなかつかみにくくなり、配慮したことで反って誤解が生じることにもなります。

◆人が心を開くとき、言葉とのんばーばるcomは一致する

誤解を解くには、相手と向き合い、本音で話すことが必要になります。そういう時は、自分の心を開いて、素直に自分の気持ちを伝えることが大切です。自分の心を開く覚悟ができれば、言葉と表情や態度は自然と一緒になるはずです。もし一致していないなら、まだ素直に向き合う気持ちになっていないのかもしれません。

本音で話すといっても、怒りや悲しみをそのまま感情的に相手にぶつけるのではなく、冷静になって少し客観的に伝える話し方をすることで、伝わりやすく理解してもらえる場合もあるでしょう。あるいはそのまま、真っすぐに伝えることで、その気持ちを受け止めてもらえることもあるはずです。「言葉を選ぶ」という表現がありますが、どう話すかは大切なポイントです。自分の気持ちや本心をどう伝えたら良いかを考えながら話すと、相手もこちらの気持ちに耳を傾けてくれるでしょう。

そうはいっても、相手の心も向き合ってくれないと、再び心を閉じてしまいますね。本音を引き出せるかどうかは、聞き手の心がフェアであるか否かにかかっています。相手が何

か真剣に話そうとしていると感じたときは、聞く側も言葉とのんばーばるcomを一致させ、上から目線ではなく、心をまっさらにして真摯に聴く耳をもちたいものです。

♥真のコミュニケーションは心の交流が核

真のコミュニケーションは心の交流が核になります。相手を理解するには、実際に会って時間と空間を共有し、心の交流を重ねていくことです。顔を合わせたコミュニケーションでは、相手の視線や顔の表情、しぐさや姿勢、声の表情、自分との距離、話を交わすリズムやテンポ感などののんばーばるcomが、気持ちや感情、心の動きを刻々と伝えてきます。赤ちゃんはのんばーばるcomの上手な使い手です。言葉は話さなくても、じっと観察しているといろいろなメッセージを伝えてきます。赤ちゃんのジェスチャーはある一時期、周囲との架け橋になります。相手の伝えてくるのんばーばるcomを感じとりながら言葉を選び、相手ののんばーばる反応を見ながら、言葉を調節するのが会話です。それには相手のいつもののんばーばるcomを知っている必要がありますし、相手の様子を受け止める心の余裕も必要です。言葉とのんばーばるcomは双方が補い合いながら、コミュニケーションを成り立たせています。小さな子どもは、言葉とのんばーばるcomのメッセージが同じことが多く、気持ちがストレートに伝わってきます。大人になるにつれ、言葉とのんばーばるcomが一致しない場合も増えてきますが、本音はのんばーばるcomに表れると私たちは直感で知っています。言葉とのんばーばるcomが一致していると、相手との間に信頼感が育まれます。心を開いて相手と本音で話すとき、言葉とのんばーばるcomは一致しているのです。

♠本の紹介

・東山安子（一九九三）「日本人の非言語コミュニケーション」『日本人のコミュニケーション』（橋本満弘・石井敏編　コミュニケーション基本図書第二巻、桐原書店）
・東山安子（一九九三）「英語社会の非言語コミュニケーション」『英語コミュニケーションの理論と実際』（橋本満弘・石井敏編　コミュニケーション基本図書第三巻、桐原書店）
・東山安子（二〇〇三）「ノンバーバル・コミュニケーション」『現代言語学の潮流』（山梨正明・有馬道子編著）勁草書房
・東山安子（二〇一二）「身ぶりのはたらき」『小学生の国語　三年』三省堂
・東山安子（二〇一四）「しぐさで伝えるグローバルコミュニケーション」『日経おとなのOFF』（六月号）日経BP社
・リンダ・アクレドロ／スーザン・グッドウィン（二〇〇一）『ベビーサイン―まだ話せない赤ちゃんと話す方法』（たきざわ　あき訳）径書房

第二章　五感とのんばーばるコミュニケーション

人と心の交流をするときは、その人と会って空間と時間を共にすること、相手を目の前にしたら、相手の身体全体から表れるのんばーばるcomを感じながら言葉を選ぶことで、相手の心に寄り添えるのではないかとお話ししました。この章では、相手ののんばーばるcomを感じ、受け止められるようになるには、どうしたらよいかを考えてみたいと思います。

■五感はのんばーばるコミュニケーションのアンテナ

のんばーばるcomを感じ、受け取るのは五感です。相手の外見や顔の表情、ジェスチャーを受け取るのは「視覚」、相手の声の表情やその変化を受け取るのは「聴覚」、握手やハグをしたときに相手の手や身体の温かさを感じるのは「触覚」、恋人のいつもつけている香水の匂いなど、その人を感じさせる匂いを受け取るのは「嗅覚」、そして、おふくろの味というように、料理を口にしたときに相手からのいつも変わらぬ愛情を感じるのは「味覚」です。

◆五感を閉じる都会生活

この五感が開いていないと、のんばーばるcomはなかなか受け取りにくくなります。現代社会で問題なのは、都会生活が気づかぬうちに五感を閉じさせているということです。視覚は疲れていないでしょうか。都会の大きな駅に行くと、どこを歩いても明るい照明に照らされた広告に囲まれます。最近は大きな円柱にまで動画が映されていて落ち着けません。広告の色も刺激の強い人工的な色ばかりです。聴覚はどうでしょう。都会の音は聞きたくない音が多くありませんか？　工事現場の音、車の騒音、売り子さんの甲高い声、ハイテンポな音楽、人の怒鳴り声など、不快な音で耳は一杯です。それに加えて、エレベーターやエスカレーター、自動ドアなど、電気仕掛けの機械類がずっと動いているので、何かざわざわした音が充満している感じがします。臭いも不快です。人が多く外の空気が入ってこない地下道や駅の構内は、空気も臭いもよどんでいます。ラッシュアワーの車内は、汗の臭いや化粧品の臭いなどが混ざり合っています。臭いに加えて、見知らぬ人と触れ合わなくてはならない満員電車は、苦痛以外のなにものでもありません。満員電車に乗れない人、それは病気でもなんでもなく、ごく普通の感覚をもった人だと思います。味覚も人工的な化学調味料の味つけばかり食べていると、本物を求める身体は満足しません。いくら食べても空腹感が止まらず、いつも何かしら食べ物に手を出してしまいます。地方からきた学生たちは水が美味しくなくて飲めないと言います。野菜や粉類に本来の味がないことも多く、そうなると食べたくないと味覚を閉じてしまうのです。

◆自然が五感を開いてくれる

ずっと都会にいると、これがあたりまえの状態になってしまい、自分の五感が閉じられていることにすら気づけません。私も都会に住んでいたときには五感の閉じている自分を認識できませんでした。海の近くに越してから、都会から混んだ電車で帰ってくると、身体が自然に反応して思わず深呼吸します。空気が違い、日差しが違います。家までの道を歩いてくると大きな空に雲が浮かび、とんびやかもめが悠々と飛んでいます。都会にも鳥はいたけれど、こんなに楽しそうにのびのびと飛んでいる鳥を見るのは越して来てからです。川幅の広い大きな川がゆったりと流れ、季節によっては魚がぴょんぴょん跳ね、川下から海の香りがします。鳥のさえずりが聞こえ、風が吹き抜け、肌が風の心地よさを感じます。そして、とても静か。機械の音や振動がしないからでしょうか。やっと心が落ち着きを取り戻します。都会から帰ってくる電車の中でずっと閉じていた五感が、硬いアスファルトではなく、やわ

yasuko

らかい土の上を歩くうちにだんだん開いてきて、見たいものを見、聞きたいものを聞き、嗅ぎたいものを嗅ぎ始めます。

五感が閉じていると、自分の身体が喜ばないので元気が出ません。幸せだと感じることができないのです。仕事や暮らしを楽しむだけの気力がわかず、マイナス思考になってストレスを解消できなくなります。外の世界を感じる五感をピタッと閉じているということは、息をひそめてじっとしているようなものです。都会生活の中に充満している不快なものを感じたくないと、気づかずに五感を閉じていると、花の香りをかごうとしても匂いがわからない、料理の味もわからないということになります。相手の顔色や顔の表情、声の表情なども受け取れなくなってしまい、人に会うのも苦手になってきます。そうやって、自分を守ろうと限りなく閉じていくと、外からのマイナス面は入ってこなくなりますが、同時にプラス面も入ってこなくなるので、元気がでない、幸せを感じないということになるのです。

◆見ることは身体の目、気づくことは心の眼

目が見えれば、みんな同じものを見ているのでしょうか。人は基本的に自分が興味をもったものに目を向けます。赤ちゃんがじっと相手の目を見るように、相手に興味や関心があれ

ば、相手の目や顔の表情に目を向けるのです。視線の話をしたときに、社会人の学生が「そう言われてみると、私は主人とずっと視線を合わせていないように思います」と言いました。忙しくなると、気がつかないうちにこういうことが増えてきます。江の電に乗っていると、仲の良いカップルは相手の目を見て話をしています。子どもたちも、大好きなお母さんの目をじっとのぞきこむようにして、笑顔で話しています。お互いの目を見て話をしている人たちは楽しそうです。

気づくかどうかということは、その人の観察眼にもよりますし、心に余裕があるかどうかにもよります。相手に関心を寄せて見ていれば、小さな変化にも気づける眼が養われます。暮らしの中で家族や周囲にいる親しい人たち、一人ひとりの「いつものののんばーばるcom」を把握していることが大切です。いつも相手を温かい眼差しで見ていれば、心が変化に気づくのです。

多忙な暮らしをしていると、相手を見ているつもりでも相手の変化に気づけません。髪を切っても気づかない人と、すぐに「髪切った？　素敵だね」と言える人。玄関に花を生けても気づかない家族と、「あっ、きれいな花だね」と気づく家族。口に出すかどうかはその人の性格にもよるかもしれませんが、現代社会では疲れていて、気がつくだけの「心の余裕」がない人も多いように思います。気がつかないと、相手への思いやりも持てません。「大変そう、顔つきが変わっちゃったもの」と変化に気づいて相手の気持ちを察することのできる人と、「大丈夫なんじゃない、仕事には出てきてるし」と全く気づかない人がいるのは、同じ人を見ていても、その人の心の状態が見えている人と見えていない人がいるということです。こうしてみると、人は「見る」という行為からたくさんのものを受け取っていると考えがちですが、見えているはずなのに見えていないこともたくさんありそうです。それは、忙しすぎて心の余裕がないために、「心の眼」が閉じているということではないでしょうか。

◆聞くことは想像力を必要とする

海の近くに引越してきた十年前から、テレビを見ない暮らしを始めました。ニュースは朝のラジオで聞きます。映像はありませんが、世の中の動きがわからなくなることはありません。「見る」ことを「聞く」ことに置き換えた暮らしは、時間と心の余裕をもたらし、情報過多の波から抜け出すことで、反って世の中の本質が見えてきたような気がします。

テレビがあった頃はついつけてしまい、つい見てしまって行動が受け身になり、時間を浪費しがちでした。ラジオは、ほうきで床を掃きながら、朝食のしたくをしながら聞けます。全国のリスナーからのメールやファックスが紹介され、「びわがたわわになりました」、「つばめが巣立ちました」と、季節を感じる便りが聞いている私の想像力を広げてくれます。読まれたメールに反応して、「我が家の軒先のつばめも巣立ちました」と、それに連なるメールが続いたりもします。朝の番組ではこのリスナーからの声がよく紹介されるので、リスナー同士がつながっているような一体感があります。皆、このラジオを聞きながら朝食をとったりお弁当づくりをして、今日という日を始めているのだとさわやかな気持ちになります。

ラジオならではの番組もあります。ＮＨＫラジオの「日曜あさいちばん」という番組の中には「音に会いたい」というコーナーがありました。リスナーからの手紙をもとに、その人の思い出の場面を「音の風景」で再現してくれます。それはこんなナレーションで始まりました。「ひとつの音が遠い日の記憶をよみがえらせる／これまで聞いたことのない音が私たちを未知の世界に誘います／人生の歩みの中で出会った忘れえぬ音／もう一度会ってみたいなつかしい音／音に会いたい」自分の家にあった懐かしい機織り機の音、船の進水式の様子、皆で歌を唄いながら手仕事をしている様子、地方の祭りの様子など、番組ではその場面の音を再現してくれます。手紙を書いた人は再現された音から当時の状況を思い出し、視聴者もその様子を想像しながら聞きます。「聞く」という行為は想像力を必要とします。目の前に写真や映像を見せられることで働かなくなる想像力が、見ないことで働き出すのです。これは豊かな心の作用です。

■五感がそろわないとのんばーばるコミュニケーションは受け取れないか

「五感に障がいのある人はのんばーばるcomを受け取れないのでしょうか？」五感がのんばーばるcomのアンテナだという話をすると、学生たちから必ずこういう質問が出ます。今は教職希望の学生たちが、教育実習として中学や高校に行くことに加え、福祉施設などで介護実習をすることが義務づけられているので、障がいのある人への理解や関心が深いのだと思います。答えは「否」。それどころか、目が見えなければ耳が、耳が聞こえなければ目が、それを補うというより、さらに敏感になるためにのんばーばるcomを受け取りやすいともいえます。身体の様々な器官は助け合って一つの身体を支えているのでしょう。

このことを私個人として深く考えるようになったのは、夫が目を悪くしてからです。東日本大震災があった二〇一一年、その衝撃が身体から離れず、ずっとあの地震が続いているような揺れを感じていた年に、それは突然起こりました。出先で天井の照明が目に入った途端、夫は目に異常を感じ、帰って来て「目が見えなくなった。目が光る」と言うのです。何だろう。急いでネットを探ってみると、悪いことばかりが羅列されていて、気がめいります。夫はピアノを弾くのが好きで、夕方になるとピアノに向かっている人ですが、その日は昨日まで見えていた楽譜が見えないと言います。「えっ？」その時初めて見えないという状況を実感し、思わず涙が出ました。

◆シーンレスの人の聞く力

目が見えにくい暮らしというのを実体験として感じて以来、目の見えない人はどうやって暮らしているのだろうと、遅まきながら様々な本を読みました。その中で出会った著者の一人が三宮麻由子さんです。四歳で光を失い、自らを「シーンレス（景色がない人）」と呼びます。「シーンレス」とは、障がいをニュートラルな特色として捉えたいという彼女の思いがこもった言葉です。私も三宮さんの気持ちに賛同して、この本では「シーンレス」という言葉を使っていきます。三宮さんは仏文学を専攻して大学院を修了し、外資系通信社で翻訳の仕事に携わる傍ら、エッセイストとしても活躍されています。日本エッセイストクラブ賞を受賞した『そっと耳を澄ませば』には、「鈴の復活」という話が出てきます。三宮さんは、鈴箱を持っていて、そこには子どもの頃から集めた懐かしい鈴が入っているそうです。電車通学をしていた小学生時代、友だちが身に付けている鈴の音がそれぞれに違い、一人ひとりのトレードマークになっていたといいます。駅から乗ってくる友達を鈴の音で聞き分け、走ってくる鈴の音が聞こえれば席を取っていました。いつも同じ電車に乗り合わせるおばさんたちが、それを知って席取りに大いに協力してくれたといいます。「厳しい社会への第一歩ともいうべき私たちの共同戦線は、いつしか温かい人たちとの嬉しいふれあいの場に変わっていた。そしてそれは、小学校を終えるまでずっと続いた」と結んでいます。この話は、鈴の音で聞き分ける、つまり鈴の音を一つの記号、手がかりとして使った経験です。

『目を閉じて心開いて』という著書には、「鼓膜によって景色にふれる」という経験が書かれています。松ノ木の幹に耳をあてたとき、沢の音がしたというのです。案内してくれた人に「この辺に沢がありますか？」と聞いたら、ここからは見えないけれど「ある」との答え。彼女は目で見えない沢の存在を耳で感じたのです。「この音を通じた実感は、数万の言葉を駆使した説明にも勝ると思う。音は大いなる世界に触れる手段なのである」と書いています。

これも「見る」の場合と同じです。聞くにも観察眼ならぬ、観察耳が敏感でないと「見えるのに見えない」と同様、「聞こえるのに聞こえない」となるのです。

◆心で聴く

「聞く」より「聴く」方がさらに心を必要とします。人との心の交流で大切なのは、聴くことです。子どもが学校から帰って来て、「明日、花ちゃんが遊ぼうって。でも…」と言ったときに、「明日」「花ちゃんと遊ぶ」という情報だけを聞いて、「あ、そうなの」と反応するか、「でも…」というところを聴いて、「どうしたの？」と問いかけられるかは、頭で情報を処理しているか、心で気持ちを受け止めているかの違いだと思います。

東日本大震災のあと、人々の心のケアをするために、「カフェ・デ・モンク」という傾聴移動カフェを始められた金田諦應というご住職がおられます。避難所や仮設住宅を回って宗教者が人々の話に耳を傾けます。カフェを開くときは、机に季節の花を飾り、おいしいケーキとコーヒーを用意し、ジャズを流し、茶室に見立てた演出をされるそうです。金田住職は、聴くということについてこう話しておられます。「ただのおしゃべりで終わらせてしまったら、宗教者がそこにいる理由はない。…人間っていうのはどんなに苦しい時でも笑えるようになるんです。でもね、笑顔の後ろにある悲しみは、変わらないんですよ。その笑顔の後ろにあるものを見つけて、それを引き出してあげれば語り始めるから、そうしたらその話に耳を傾けることでその人に寄り添い、物語の糸を紡いでいけるように手助けする。それが『聴く』ということなんです」と。そして、傾聴とはマニュアルがあればできるというものではなく、聴く側の人間性や宗教性が試されるともいわれます。

心に大きな痛手を負った人々の話に耳を傾ける場合は、難しくはあっても聴く側の心構えがしっかりとあるように思います。しかし、日々の暮らしの中では忙しさに紛れて話は聞き流すだけになり、「心で相手の話を聴く」ことがおざなりになってはいないでしょうか。聴いてもらえなければ、子どもは次第に忙しい親には話をしなくなり、夫婦もお互いの心のうちを明かすことをしなくなってしまうのです。

◆「ふれる」ことで分かること

「ふれる」ということは、ふれる対象が人であれ物であれ、「見る」「聞く」とは異なる感情を心に引き起こします。造形作家の西村陽平さんが、県立千葉盲学校で図工を教えていたときの経験を書かれた「心とからだを解放して」という記事を読みました。あるとき、シーンレスの子どもたちと象をさわりに行った。自分は象を知っていると思い込んでいたけれど、それは目で見た象であって、実際にゴツゴツした肌を触ってみたら象のイメージが一新されたというのです。また、大人向けのワークショップの受講者に、目を閉じてチンゲンサイを触ってもらったら、ある女性が、「手でふれると、物の雰囲気がとてもよく感じられる。チンゲンサイはふくれあがっていくイメージで、中からふくらんでくるエネルギーを外で受け止めると、生命が生きているという感じでとても幸せな気分になった」と感想を述べたそうです。チンゲンサイを見ているだけでは、これほど命が生きていることを感じたり、幸せを感じたりはしないのではないでしょうか。これこそ、「ふれてみる」ことの意味です。

先日ラジオを聞いていたら、『人生がときめく片づけの魔法』という本の著者で、片づけコンサルタントの近藤麻理恵さんが、衣類の取捨選択について話をしていました。物を取っておくかどうかは「ときめくかどうかで決める」と言います。例えば、自分の服を全て一ヶ所に集めてどれを取っておこうかと考えるとき、見ているだけではわからないというのです。どうするのでしょう。彼女は手に取って「手ざわり」を確かめるといいます。先ほどの象の話に通じます。触ってみると、その服のイメージが伝わり、その服にときめくかどうかを自分で確かめられるというわけです。服の手ざわりは素材につながります。気持ちの良いものを肌は知っているのです。近藤さんの物の選び方は、自分の「感性で選ぶ」ということです。自分の心が喜ぶものを一つひとつ手に取りながら厳選することで、自分の周りには、本当に好きなものだけが残るのです。

◆ふれあいの根源的な意味

チンゲンサイを触った感想の中に、「命が生きていることを感じる」という言葉がありました。この、野菜を触って感じられる感性は素晴らしいと思います。人とふれあったときにも「命が生きている」ことは強く感じられます。手を重ね合わせれば、相手の手のぬくもりが感じられ、温かい血が脈打っている、お互いの命が生きていることを心が感じて安心感を覚えるのです。「お互いの命が生きていることを直接感じ合う」ということが、ふれるということの根源的な意味であるように思います。

我が家の近くは、気候のよい土地柄のせいか、高齢の方がたくさん住んでおられます。百歳を超える方も稀ではありません。一人暮らしの高齢の女性たちは、道で出会うとよく手を取り合っています。「どうしてらっしゃる？」「お元気？」と数分会話を楽しんだ後、「またね」とお互いの肩を叩き合っています。会うとまず手を取り合うのは、お互いの命が生きていることを喜び合っているように見えますし、そうすることで、お互いが元気になっているようにも見えます。

一年間住んでいたイギリス北部のヨークという街も、高齢の人がたくさん住んでいる所でした。街の中心街では、たくさんの高齢のご夫婦が買いものや散歩を楽しんでいました。そしてどのカップルも仲良く手をつないで歩いていました。当時、こういう光景はイギリスならではだと思っていました。しかし、どのカップルもとはいきませんが、我が家の近くの川沿いの散歩道を歩くご夫婦の何組かは手をつないで歩いておられます。これも、お互いの命が生きていることをありがたいと感じながら暮らしている姿のように思えるのです。

娘が小さい頃、手をつないで歩いていると、「ちゃんと手をつないで」と言われたことを思い出します。私の手のつなぎ方には心が入っていなかったのでは、と今は思います。形としては手をつないでいたけれど、見ていても気づかない目や、聞き流している耳と同じで、心ここにあらずのつなぎ方だったに違いありません。心を「今、ここ」にきちんと置けるかどうかは、特に子育てのときに大切なように思います。自分はどうかと振り返れば、仕事をしながらの子育ては毎日が忙しく、常に数メートル先を見ながらずんずん歩き続けていたので、どれだけ子どもたちの心に耳を傾けられたかと問われれば自信はありません。もちろん、精一杯やっていたのですが。娘はそういうとき、「こうやってつないでね」と言いながら手をつなぎ直してにこっと笑い、私の意識を「今、ここ」に戻してくれたのです。重ね合った二つの手を通して、お互いの命のエネルギーを感じ、心を感じるために。

■光と音のない世界

見えない暮らしを理解したいと本を読んだとき、いろいろな方が自分の状況を受け入れ、個性的に元気に暮らしておられることに感銘を受け、励まされました。『見えなくても、きこえなくても。—光と音をもたない妻と育んだ絆—』という本にも出会いました。この本に出てくる梅木久代さんは、光も音もない世界で暮らしておられます。おしゃべりは「触手話」ですると言います。触手話とは、手話をする相手の両手を自分の両手で触れながら読み取るやり方だそうです。慣れない人がやると疲れてしまったり、手の動きが小さすぎても早すぎても読めないようですが、息が合えば、おしゃべりを楽しむことができるといいます。

この世界では、車が来てもわからず危ないので、買い物や散歩を一人で楽しむわけにはいきません。どこかに行くときには、触手話で周りの様子を知らせながら安全に手引きをしてくれる人を頼むのです。歩くテンポが速すぎても遅すぎても歩きづらく、手引きをしてくれる人との相性は重要だと言います。久代さんは、あるとき手引きをお願いした梅木好彦さんとの触手話が楽だと感じ、おしゃべりを楽しまれ、のちに、お二人は結婚されたのです。

◆手と指の表情

福島智さんも、光と音のない世界の住人です。九歳で光を失い、十八歳で音を失い、お母さんとともに「指点字」という新しいコミュニケーション法を始めた方です。指点字とは、両手の人差し指、中指、薬指の六本の指を、点字タイプライターのキーに見立てて、手の上で点字記号を打つ方法です。福島さんは全盲ろう者として日本で初めて大学進学を果した方です。博士号も取得され、今は東京大学先端科学技術研究センター教授として、バリアフリー分野で障がい学とコミュニケーション論について研究、指導をされています。

福島さんの書かれた『渡辺荘の宇宙人　指点字で交信する日々』には光と音のない世界のコミュニケーションについて次のように書かれています。「盲ろうとなってからの十年間、私は指点字による『触れ合うコミュニケーション』によって生きてきた。私の指の上を、直接・間接に数多くの人の『心』が通り過ぎていく。そうした心の動きは、単に『文字』としての指点字によって表されるだけでなく、指点字の強さや『間』の取り方といったさまざまな『手と指の表情』によっても表現される」と。文字としての指点字は「言語」であり、点字を打つ強さや間の取り方といった「手と指の表情」はのんばーばるcomなのです。五感がそろっていなくても、人はのんばーばるcomを受け取り、そこから相手の心や感情を感じ取っているのです。福島さんは、盲ろう者にとって一番大切なのは、言葉を交わす手助けをしてくれる「人の手」と、隣の人の言葉を伝えてくれる「心配り」であるといいます。手が離れれば、テレビのコンセントが抜けたのと同じで、ブラウン管には何も映らないと例えます。人とのコミュニケーションは光や音よりも大きな意味をもっていて、盲ろう者はそれによって世界そのものと関われるからだと言います。

◆ダイアログ・イン・ザ・ダーク

一九八八年に、ドイツの哲学博士アンドレアス・ハイネッケが発案したソーシャル・エンタテイメント「ダイアログ・イン・ザ・ダーク（D－D）」が日本でも開催されています。参加者は視覚が使えない真っ暗闇の中で、シーンレスのアテンドスタッフの声と、聴覚、嗅覚、触覚、味覚だけを頼りに真っ暗な世界の中のさまざまなシーンを自分はどう感じ、何を思うのか体験するのです。ハイネッケ博士は「現在の物質的に豊かになった世の中では、人間は倫理と人道的な価値観とを損ないがちであり、利己主義になる。しかし暗闇の中で人間は誰でも平等であり、それぞれの中にある根本的な価値観を思い出し、謙虚さや感謝を甦らせることができる。困難に直面しても、お互い協力し合えば一緒に乗り越えられることを誰でも知っている。それをダイアログ・イン・ザ・ダークを通して実際に体験できる」とホームページに言葉を寄せています。

脳科学者の茂木健一郎さんはこのダイアログ・イン・ザ・ダークの熱烈なファンです。『まっくらな中での対話』という著書に、「ダイアログ」の設立当初から関わり、今は理事をされているバースセラピストの志村季世恵さんとの対談が載っています。志村さんは、「ダイアログ」からたまに涙を流しながら出てこられる人がいるといいます。「どうされたんですか」と問うと、自分が人を好きだったんだ、自分自身を好きだったんだということに気づいて流している感動の涙だという答えが返ってくるといいます。そしてご自身のセラピストとしての経験から、これは、通常八回から十回くらいカウンセリングを重ねないと到達しない状態だといいます。暗闇の中では自分が全くの無力で、人の力を借りたり、助け合わなければ何もできないということに気づくのだろうともいいます。

茂木さんは次のようにいいます。私たちの脳は三分の一が視覚領域で、ふだんあまりにも見るということに使われすぎている。だから、見る見られるから解放されることで、ふだんあまり使われていない視覚以外の五感を活性化させることができる。これは脳の全体性を回復するということ。癒しとは全体性を回復することで得られると考えられるので、ダイアログで暗闇を体験すると癒されて、出てきた人が涙を流すのだろうと。

志村さんは二十年近くターミナルケアもされており、多くの末期癌の方の最期を看取った経験がおありです。患者さんは自分が癌だと分かってから、初めて自分自身や家族、友人と向き合い、自分が本当にしたかったことや本当に願っていたことが何だったのか考えることになるといいます。この経験から志村さんは、命が終わる直前ではなく、元気なうちに自分の人生を見つめ直し、自分にとって本当に大切なものは何かを考えてもらえたらと願っていましたが、それが「ダイアログ」という暗闇の中の擬似的な臨死体験でできることに気づいたと話されています。

♥五感を開いてのんばーばるコミュニケーションを受け取ろう！

五感を取り戻すにはどうしたらいいのでしょう。先ほどの「ダイアログ」は非日常のひとこまですが、普段の暮らしの中で何か五感を取り戻すことができないでしょうか。志村さんは『大人のための幸せレッスン』の中で、五感を時々意識的に使うことを勧めています。例えば、「ご飯をおいしいと味わって食べる／空を眺めてみる／お風呂に体だけでなく心もつかる／裸足で土の上に立って地球とスキンシップする／木や花を見つめてみる」など。彼女は、その時その時にしていることに気持ちを合わせて、五感を使って今を楽しむことが大切だといいます。

私も都会から二時間ほどの海の近くに引越したことで、都会に行くと「五感が閉じ」、帰ってくると「五感が開く」ことを感じるようになったとお話ししました。空はほんとに大きくて、青くて、いつもとんびやかもめが悠々と飛んでいて、心が晴れ晴れします。江ノ島まで散歩すれば、ときどき美しい富士山にも会えます。ヨットが帆をふくらませて広い海原を気持ち良さそうに滑っていきます。海岸を素足で歩けば、波が足元を行ったり来たりしま

yasuko

す。散歩道では秋になるとキンモクセイの甘い香りが漂ってきます。春は一面に菜の花が咲く土手に寝転がり、夏の夜は、デッキに出て星や月を眺めながら、夜風に吹かれます。磯の香りと自然を感じたくて、私の五感はいつも目一杯開いているのです。

安心して五感を開けられると、人は気持ちがよく快適です。自然を感じたいと五感を開いていると、家族の様子、友人の様子、近所の人の様子などものんばーばるcomから伝わってきます。私は毎朝、家族の顔色や顔の表情を見て「おはよう」と言います。朝食の食卓では、目を見て、顔を見て話しながら、家族ののんばーばるcomを受け取ります。よく笑い、よく食べるなら元気です。外出先から帰って来たときの姿勢や歩き方、足音も、その日にあったことを物語っています。背中が丸まって歩き方が疲れていると思ったら、「ただいま」の声も注意深く聞きます。顔の表情を見て、今日一日がどうだったのか推察します。五感がフルに動いているときは、このように相手が無意識に伝えてくるのんばーばるcomを「きめこまかく感じる」ことができ、相手の状態に寄り添った言葉掛けができます。相手の心の状態を感じる前に、「帰りが遅いじゃないの」と一方的に言っても、穏やかな会話はもてず、心のやりとりは閉ざされてしまうのです。

五感が気持ちよく開いている自分であれば、相手ののんばーばるメッセージを受け取れます。また、自分からも心からのメッセージを送れます。五感を開いて自然の気持ちよさを感じることで、心は柔軟性を取り戻し、相手ののんばーばるcomを受け取りながらの心の交流がしやすくなるのです。

♠本の紹介

・大平一枝（二〇〇六）『見えなくても、きこえなくても。―光と音をもたない妻と育んだ絆―』主婦と生活社
・金田諦應（二〇一三）「話を聴くこと、自然を感じること、そして忘れないこと」JOINT No.11　トヨタ財団
・近藤麻理恵（二〇一一）『人生がときめく片づけの魔法』サンマーク出版
・三宮麻由子（二〇〇二）『目を閉じて心開いて』岩波ジュニア新書
・三宮麻由子（二〇〇四）『そっと耳を澄ませば』日本放送出版協会
・志村季世恵（二〇〇六）『大人のための幸せレッスン』集英社新書
・西村陽平（二〇一二）「心とからだを解放して」『桜楓新報』（五月十日発行）
・福島智（一九九五）『渡辺荘の宇宙人　指点字で交信する日々』素朴社
・福島智（二〇一〇）『生きるって人とつながることだ！―全盲ろうの東大教授・福島智の手触り人生―』素朴社
・茂木健一郎（二〇一一）『まっくらな中での対話』講談社文庫

第三章　人間関係とのんばーばるコミュニケーション

コミュニケーションの本質は心の交流です。心の交流には、言葉と相補いながら気持ちをきめ細かに伝えるのんばーばるcomが欠かせません。気持ちよく五感を開くことができれば、相手ののんばーばるcomを受け取れます。そうすれば、お互いを尊重し合ってポジティブな関係を作り上げていけるはずです。この章では、人間関係の扉とも言えるあいさつについて、のんばーばるcomで人間関係を築くには、顔を合わせないメディアを賢く使うこと、について考えていきます。

■あいさつは人間関係を開く扉

人との関係を結ぶには、まずあいさつをすることです。「あいさつは人の心を丸くする」という素敵な標語があるという話を聞きました。その一方で、「おはようございます」と言ってもあいさつが返ってこない職場があるという話も聞きます。あいさつは日常に根づきにくいのか、あいさつの苦手な人が多いのかと考えてしまいます。

初対面では、まずあいさつをしないと関係がスタートしません。数人でいるときも、初対面の人がいれば自己紹介したり、誰かに紹介してもらったりしないと、会話に入りにくいですね。誰かが気づいて紹介をしてくれると、ほっとします。外国の人は紹介し合ったり、人の輪を広げていったりするのが上手だと感じることがよくあります。

引越しをしたら近所にあいさつ回りをするというのが、昔からの習慣でした。しかし、最近の都会のマンションでは、引越しのあいさつもないし、表札も掛けないので、隣に誰が住んでいるのかわからないと聞きます。我が家が引越のあいさつ回りをしたときは、どの家も家族全員が出てきてくれて、そういう土地柄に感激しました。初めに顔合わせをしておかないと、次の日からのあいさつがしにくくなってしまいます。あいさつは人間関係の入口として、大切にしたいものです。

◆共通の世界をもつ人とのあいさつ

山登りをすると、知らない人でも「こんにちは」とあいさつします。これはとても気持ちのよい習慣です。「山が好き」という気持ちがお互いにあることで、共感し合い、通じ合うことができるのです。初対面で、誰かが紹介してくれたわけではないのに、「山が好き」という共通の世界があることで、人間関係がスタートできるのです。

犬を飼っている人たちも同じです。私はペットを飼っていませんが、川沿いを散歩していると、犬の散歩をしている人をたくさん見かけます。犬同士もあいさつをするようですが、飼い主も犬を通してすぐに親しくなるようです。犬好きな私の友人は、犬を連れている人を見かけるとすぐに声をかけます。もちろん初対面ですし、ご近所でもありません。それでも、ずっと前からの友人であるかのように、親しい声のかけ方をするのです。犬を連れている人を見れば、「犬が好き」という共通の価値観が見え、あいさつがしやすくなるのでしょう。

◆言語の壁を飛び越える「好きなこと」

価値観が近いと、海外でも言語の違いを超えて親しくなることができます。留学先で、好きだったサッカーの話を通して友人がすぐできたという話をしてくれた学生がいました。スポーツばかりでなく、音楽や絵画、庭好き、料理好きなど、自分と「好きなもの」が同じ人とは、共通の世界を感じてあいさつも会話もしやすくなり、言語の壁を超えて親しくなれるのです。「好きなことで自分を表現すること」ものんばーばるcomです。言葉が通じない外国の人とコミュニケーションをとるときは、一緒にハイキングに行ったり、野外のジャズコンサートに一緒に出かけたり、心を込めてピアノを弾いたりすることで、十分心が通じるのです。

◆心に残るあいさつ

みなさんは、心に残っている出会いや別れのあいさつがありますか？ 私の心に残っている出会いのあいさつは、若い頃からずっと共同研究を一緒にしてきたアメリカ人のローラと数十年ぶりにシカゴで再会したときのことです。彼女はかなり長い間、気持ちのこもった、温かいハグをしてくれました。彼女の気持ちが伝わってきてとてもうれしく、今でもその時のことが思い出されます。

別れのあいさつは、オランダの友人とトロントで別れたときのことです。「まだ、別れのあいさつをしていないから」とこちらに向き合い、しばらく言葉を交わしました。彼とは家族ぐるみのお付き合いで、何度もオランダの家を訪ねたことがありますが、いつも別れのあいさつは、時間をとってていねいに交わしてくれるという印象があります。海外だから、次はいつ会えるかわからないということもありますが、外国の友人たちは、あいさつを大切にしていると感じます。

◆あいさつは「相手を認めること」「出会ったことへの感謝」

このような心のこもったあいさつを思い出すたびに、私も出会いと別れのあいさつをていねいに交わしたいと思うようになりました。特に別れのあいさつは「心を込めて」と心掛けてはいるのですが、なかなか思うようにいかないこともあります。長年、仕事をしながら日々を走って暮らしてきてしまったので、今でも「今、ここ」に留まれないくせが出てしまうのです。「あ、電車がきちゃった。じゃ、またね」とか、「また後で連絡するから」などと言ってあわただしく別れてしまうのは、「今、ここ」を大切にした別れ方ではないと、今の私は感じているのです。

志村季世恵さんは、『大人のための幸せレッスン』の中で、あいさつには不思議な力があるといっています。それは、今とここを共有する人と出会ったことを大切にする言葉であり、「相手を認める言葉」だからといいます。志村さんはセラピストという仕事柄、交通事故でお子さんを亡くされたお母さんたちにも多く接することがあるそうです。「せめてあのとき、元気にいってらっしゃいと見送ってあげれば良かった」とか、「最後に会ったとき、もっと気持ちよく接していたら良かった」と、後悔している人にたくさん会ってきたといいます。そういう人たちから、あいさつは、出会いを分かち合う言葉として大切であることを教わったといいます。

出会うということは、よく考えてみれば不思議なことです。待ち合わせているならともかく、あるとき、ある場で、何年ぶりかにばったり友人に出会ったり、あの時、あそこに行かなければ結婚相手に出会わなかったなど、不思議な偶然が自分の人生に大きな意味をもつことがあります。だからこそ、「今、ここ」で出会ったことに感謝してあいさつし、相手と心を通わせ、別れるときには、「これからも親しい関係を保ちたい」という心を込めてあいさつしたいと思うのです。湘南に住む若者が、しばらく会わない相手だけでなく、毎日会う家族や友人にもそう接したいと言ってくれました。心に深く留めておきたい言葉です。

◆あいさつの視線と笑顔

「視線を合わせること」と「笑顔」はとても大切なあいさつののんばーばるcomです。日本人はふれあうことも苦手ですが、相手と視線を合わせることも苦手であるといわれます。面接のマニュアルには、面接官の目の辺りを見るとか、ネクタイの辺りを見るなど、目自体を見ることを避ける方が良いとする傾向もあります。しかし、あいさつを「相手との人間関係を開く扉」と考えると、やはり相手の目を見る、そして視線を合わせることなしに、扉は開かないように思います。日本人ならお辞儀の前後に視線を合わせることが大切ですし、アメリカ人は握手をするとき、しっかり視線を合わせます。視線を合わせて、相手の心の扉の取っ手に手をかけたら、その扉を開けるのは「笑顔」でしょう。

先日、港南台タウンカフェという、まちづくりの拠点となっているコミュニティカフェで、遠藤俊介さんの写真展を見ました。遠藤さんは、二十九歳の時に初めての写真集『カンボジアの子どもたち』を出版され、その三日後に白血病で永眠されました。写真集に収められた写真を一枚一枚見ていくと、子どもたちの純粋な目が、カメラを構える遠藤さんに真っすぐ向けられ、今度はその写真を見ている私の方に向けられているのを感じました。子どもたちと視線が合った私は、おおらかに口を開けた彼らのくったくのない笑顔に迎えられ、生きるエネルギーをもらえたのです。遠藤さんはあとがきで「カンボジアで撮影を続けていると、カンボジア＝危ない、貧しい、地雷だらけ…そんなことばかり言われた。だから、貧しいけれど笑顔のカンボジアを取り続けようと決めた」と書いています。

この写真集のまえがきは、報道写真家の大石芳野さんが書いておられます。大石さんは、ベトナム戦争、カンボジアの虐殺、広島の原爆など、戦争後の市民に目を向けたドキュメンタリー作品を多く手がけておられる写真家です。「この写真集はどの頁のどの写真からも、遠藤さんと一人ひとりとのコミュニケーションが滲み出ている。実に温かい。…子どもたちは正直だから、嫌な相手に対しては、しばしば表情に出してしまう。それだけに、彼と子どもたちとの間がいかに通じ合ったものかが画面に現れている。私たちが写真に引きつけられるのも、撮る側、撮られる側が醸し出す温かなもの、その奥に漂う悲しみをも感じとるからだろうか」と書いています。私が写真から感じた印象と重なります。写真家と子どもたちの間の「視線」と「笑顔」は、そのままあいさつにつながります。視線を合わせ、笑顔を交わせば、温かい関係が始まるのです。

大学の教壇に立っていた頃は、百人から二百人の学生のいる講義科目をいくつかもっていたので、毎年会っている学生の数はずいぶんたくさんいました。私は大人数のクラスでも必ず毎回一人ひとりの名前を呼んで、顔を見て目を合わせ、にっこり笑ってうなずいてから、次の人の名前を呼びました。百人も名前を呼ぶと結構な時間はかかりますが、私はこれを「授業の始めのあいさつ」と考えていました。一人ひとりの様子を心に留めてから授業を始めないと、なぜか落ち着かなかったのです。これも、「視線を合わせる＋笑顔」というあいさつののんばーばるcom の基本を含んだ、私なりのあいさつだったのです。

■のんばーばるコミュニケーションで人との関係を築く

「視線を合わせる＋笑顔」は、接客など毎日たくさんの人と相対して仕事する人たちにとっても大切なのんばーばるcomです。ホテルのカフェで接客をしていた年配の男性の笑顔はとても穏やかでしたし、洋服屋の店員さんはいつも柔らかな笑顔で接してくれます。接客上手な人は皆、とても自然で素敵な笑顔の持ち主なのです。一方、ぷりぷり怒っている車内販売の女性を見かけたこともあります。物の扱い方もカートの押し方も乱暴、笑顔どころではありません。よほどこの仕事が嫌いなのかと逆に同情しました。仕事では初対面のお客さんとの出会いも多いですね。リピーターを増やすためにも、のんばーばるcomでどのように人間関係を築いていったらいいのか、考えてみましょう。

◆礼節のある態度で信頼関係を築く

初対面のお客さんに対しては「第一印象」が大切です。服装や髪型の清潔感、相手を受け入れる自然で明るい笑顔、楽しんで仕事をしていることを物語る目の輝きや声の張り、相手を尊重する礼節のある態度や姿勢など、仕事をしている人ののんばーばるcomが好印象なら、初めて来たお客さんでも、きっとまた訪れてくれるでしょう。まず自分から、気持ちのよいのんばーばるcom を伝えてみましょう。

人と相対して接客を始めるときは、相手と視線を合わせ、笑顔であいさつします。きちんと自己紹介をしてくれると気持ちのよいものです。自分が椅子に座っているときには、立ち上がってお辞儀をします。最近は、買った品物を店員さんが出口まで運んでくれて、「ありがとうございました」という言葉とともに、見送ってくれる所も増えました。このように、日本では特に、礼節のある態度をとることが信頼関係の第一歩です。

お辞儀の仕方一つで、様々な気持ちが伝わります。病院の待合室で待っていたとき、担当の先生が通りかかられ、ていねいなお辞儀をして下さったことがあります。声の届く距離ではなかったのですが、先生の「お大事に」という気持ちが感じられて、胸が一杯になったことがあります。単に頭を下げるのではなく、心のこもったお辞儀ができるかどうか、日本では大切なのんばーばるcom の一つです。

◆視線の高さを相手に合わせる

視線を合わせるときは、上から見下ろすのではなく、高さを合わせることも大切です。子どもの場合はしゃがんで視線を合わせたり、大人でも相手が腰掛けている場合は、自分も腰を下ろして視線を合わせるなどの配慮が必要な場合もあります。

私は大学で教えていたとき、高い教壇のある教室が好きではありませんでした。そこから学生を見下ろす感じが好きになれなかったのです。学生の教育実習の見回りで中学校や高校に行ったとき、狭い教室なのに必要以上に教壇が高く、違和感を覚えたこともあります。私は、学生の机と同じ高さに教壇がある教室や、階段教室のように、学生の方が中央の教壇を見下ろす教室を好んで使いました。これも、威圧的な上からの視線ではなく、同じ高さの目線で学生と意見交換がしたいという私の考えの表れでした。

◆相手ののんばーばるcomを観察する

気持ちのよい接客のできる人は、のんばーばるcomの観察眼が優れている人です。一人でゆっくり見たいのに、すぐに近づいて来て押し売りする店員さんは敬遠してしまいます。観察眼のある店員さんは、「今は、一人で品物を見ていたいんだな」と感じれば近づかず、「あっ、何か知りたがっているのかな」と思えば、さりげなく近づいて商品の説明をします。その後「どうしようか」と相談を始めれば、じっと横にいて決まるまで待っているのではなく、遠からず近からずの距離を取りながら再び声が掛かるのを待ちます。このようなお客さんへの気遣いができる店員さんは接客上手です。

この頃は店員さんの数が少なくて忙しすぎるのか、何か説明を聞こうと思っても、逆に店員さんの方が「話しかけられては困る」といったのんばーばるcomを発していることも増えました。自分の仕事で精一杯な人は、お客さんののんばーばるcomを受け取るどころではありません。働いている人に十分な時間や余裕がないと、人と相対する接客はうまくいかないのにと感じます。

◆一人ひとりにオーダーメイドな対応をする

最近はどんな仕事にもマニュアルが存在し、接客の流れや、積み重ねられた経験のノウハウが書かれています。それ自体はよいのですが、問題なのは、そのマニュアルの指示に縛られて、目の前のお客さんが見えなくなっているように感じることです。接客マニュアルは自分の中で十分に消化して、実際の場面では「自分の心」で考えることが大切ではないでしょうか。目の前の一人ひとりと気持ちのよいやりとりをすることが、接客の原点です。のんばーばるcomから相手の気持ちを受け取れれば、その出会いを大切にしたオーダーメイドな対応ができるようになります。相手が喜んでくれることで、自分も楽しく充実した時間を持つことができます。接客が好きで、接客上手な人は、そういう一期一会を心から楽しめる人なのでしょう。

教員はできるだけ早く生徒の顔と名前を覚えることといわれます。学校に限らず、どんな仕事場でも、お客さんの顔を覚えることはオーダーメイドな対応の基本です。カフェ、雑貨店、郵便局、どこでもすぐに顔を覚えて対応してくれる所は、親しみがわきます。一方、何度行っても初対面のような対応をする所もあります。そういうお店の人は、お客さんを一括りに見ていて、一人ひとりを見ていないのでしょう。これではいつまでも信頼関係を築くことはできません。お客さんを大切に思えば、顔を覚えることは自然にできるはずなのです。

◆声の調子に気を配る

質問された場合には、誠意を持っていねいに答えることが大切です。病院などでは、必要以上に心配させたり、不安をあおったりしないように、「落ち着いた声」で対応する必要があります。来る側は体調が悪いわけですから、医師や看護師さんの声の調子には敏感です。検査結果を見ながら「うーん」などと言われると、患者の側はどきどきします。声はいらいらした感じや、せかせかした感じも伝えやすいので、どんなに忙しくても、相手には余裕をもって接することです。それには、プライベートな時間を充実させて、自分の体調や気持ちを調えることが大切です。

◆相手の「時」を尊重する

相手のリズムやテンポに合わせて話をすることも大事です。お年寄りや外国の人など、ゆっくり話す人にはゆっくり、テンポの早い人には早く、それぞれに合わせて話すと、会話のリズムが合って心地よく話ができます。忙しくなると、自分の仕事で目一杯になり、自分のペースにお客さんを巻き込む人を見かけます。早口でマニュアル通りに注文を取りたがる人は、「お客さんの時」を尊重していません。お客さんの話すスタイルや、話の順序をよく聞いて、それに合わせて注文を理解するのが、本来の接客のはずです。

コンビニで商品を見ようとしたら、棚の整理をしている店員さんが、自分の仕事を優先させて、いつまでも退いてくれませんでした。仕事熱心なのはいいのですが、自分の仕事に没頭しすぎて「自分の時」を優先すると、買ってもらえるはずのお客さんを失ってしまいます。周りが見えなくなってくると、お客さんののんばーばるcomが感じられなくなってくるのです。また仕事を命じる上司も、「働き手の時」を尊重してある程度任せる必要があります。「せかされて仕事をすると空回りしてしまう」と、バイトをしている若者たちは言います。

◆相手の「空間」を尊重する

人は自分の周りにパーソナル・スペースという空間をもっている、という話をしました。この空間は相手によって伸び縮みしますが、接客の場合はこの空間に入り込まないように注意することが大切です。例えば、相手の目の前を断りもなしに通るとか、目の前に手を伸ばして物を取るなどすると、相手は自分の空間にいきなり人が入ってくるので心地よく感じませんし、大変失礼になります。

目の前ばかりでなく、後ろから近づくことも、相手を不快にさせます。銀行のATMなどでは待っている所に線が引いてありますが、これがないと次の人がすぐ後ろに近づいたり、横から覗いたりして不快な思いをします。これも、自分のパーソナル・スペースに他人が入り込んでくるための不快感です。相手に近づくときは相手が見える前方から近づく方が安心感を与えますし、致し方なく後ろから近づく場合は、声をかけるなどの配慮が必要です。

近くに控えているときの立ち位置も、相手の空間に近づきすぎないよう、また相手の目の前や視界をさえぎらないよう気をつけるといいでしょう。こういうことも、頭からの知識で学ぶというより、自分ならどう感じるかを想像して、自然と気づけるといいですね。自分がされて嫌なことはしないことです。

◆仕事ではあっても、日常の会話を楽しむ

イギリスのヨークに住んでいたとき、マークスというスーパーによく買い物に行きました。レジに並んで買うのは日本と同じです。二、三品しか買わない人には別のレジが用意されていて、それは便利でした。日本のスーパーのレジの店員さんは、マニュアル通りに早口で話し、次々に列に並ぶ人をこなしていきます。お客さんの方も早く進むレジ対応を歓迎しているのでしょう。しかし、ヨークはちょっと違いました。レジの人はいつも来るお客さんの顔を覚えていて、「体調はどう?」「素敵な帽子ねえ」といろいろ話しかけては、お客さんとの会話を楽しんでいました。並んでいる方も、多少レジの進みが遅くてもカリカリせずに、笑いながら待っています。

マニュアル化されたレジ対応は、事務的で楽しみがなく、機械的です。多忙な都会生活ではこのような対応が好まれるのかもしれませんが、私は会話の生まれやすい個人のお店に行

くことが多くなりました。いつもの店主がいて、顔なじみにはこれがいいよと勧めてくれますし、会話もはずんで楽しく買えます。こうして、街の人とつながることで、地域に馴染んでいけるのです。

◆一人ひとりののんばーばるcomが仕事場の雰囲気を形作る

レストラン、美容院、会社、病院、学校など、実際に行ってみるとその職場の雰囲気がよくわかります。接客の仕方や、同じ職場にいる人同士ののんばーばるcomが、全体の雰囲気を形作っているからです。例えば、病院の待合室で待っているとき、窓口の人や看護師さんの話し方が落ち着いていたり、患者さんを呼びかける声が明るかったり、笑顔があれば、いい病院だなとすぐわかります。逆に、美容院などで下の人を叱る声がすると、声の調子から働く人の上下関係が見えて嫌な気持ちになります。そこで働く人ののんばーばるcomが、その場の雰囲気を作り、外部から入って来た人に伝わってしまうのです。

自分ののんばーばるcomが、全体に影響を与えていると自覚することは、とても大切です。また、自分が逆の立場に立って見る、つまり接客される側になってみると、いろいろ気づくことができます。気持ちのよい接客態度は見習って取り入れる、逆に嫌だなと思ったことはしないことです。まず、そういうことに気づけるよう、五感を取り戻し、観察眼を磨きましょう。

◆仕事上のトラブルも会いに行くと解決

仕事で取引先とトラブルがあると、まずはていねいなメールや書状、それでも解決しなければ丁重な電話、それでも怒りがとけなければ、手みやげをもって相手を訪問すると聞いたことがあります。メールや書状は文字だけですから、言葉の中にこちらの謝っている態度や、申し訳ないという気持ちを書き込む必要があります。これは社会で人との付き合いに熟達し、筆も立つ人でないと実はなかなか難しいことです。これで伝わらないときには、声の表情が加わる電話でていねいに謝ります。相手と実際に電話でつながっていると、相手の声の表情から反応がわかるので、こちらも謝罪の気持ちを声に込めやすくなります。電話でも相手の怒りが収まらない場合には、手みやげをもって訪問し、丁重に頭を下げることになります。第一章で、言葉とのんばーばるcomが一致すると相手に信頼感を与えることをお話ししましたが、会いに行って頭を下げ、言葉でも丁重に謝ることで、謝罪の気持ちが伝わりやすいのです。仕事上のトラブルも顔を合わせれば解決するのは、相手と「今、ここ」を共有し、言葉とのんばーばるcomで同じメッセージを伝えるからです。

■顔を合わせないやりとりの基本はのんばーばるコミュニケーション

昔から、人々は顔を合わせて気持ちのやりとりをしてきました。次第に遠方の友人や、会うことのできない相手とやりとりできるように手紙が届けられるようになり、電話ができて声が聞けるようになりました。最近では、メールや、ツイッター、フェイスブック、ラインなどSNSと呼ばれるメディアも増え、多様性が増しています。

フェイスブックは、しばらく会っていなかった海外の友人とつながれる良さがあったり、写真で自分の様子を送ることができるといいます。しかし、ラインは、読んだことはわかるけれど返事がこない「既読スルー」が冷たい関係を助長しているという若い人の声も聞きます。返事をしないということは「やりとり」ではなく、単なる「一方的な情報伝達」です。これが、日常のコミュニケーションにまで、無防備に広がって行くと、「心の交流」が薄れてしまいます。

これらの顔を合わせないコミュニケーション・メディアでは、気をつけていないと言葉で相手を傷つけてしまうことがあります。なぜかと言えば、普段のんばーばるcomで無意識に伝えている様々なメッセージが欠けているからです。親しい友人であれば、書かれた言葉からその人の声の調子や顔の表情が想像できるので、それほど誤解が生まれるわけではありません。しかし、初対面の人やあまり親しくない人の場合は、のんばーばるcomを感じることができないため、誤解して受け取ってしまうのです。顔を合わせないコミュニケーションは、実際に相手と会った体験の積み重ねがあってこそ機能するのであり、実は無意識のうちに、言葉の背後ののんばーばるcomを感じながらやりとりをしているのです。

◆顔を合わせないメディアでのんばーばるcomを伝えるには?

顔を合わせないコミュニケーション・メディアでは、どのようにのんばーばるcomを込めたらよいでしょう。メールなら若者たちは「顔文字や絵文字」を使うでしょう。笑顔マークは読んでいる人の顔をなごませ、言葉で伝えたことを和らげます。学生たちに聞くと、親しい友人同士では、絵文字を使わないメールはあり得ないといいます。親しい間柄では、実際に会っているときの雰囲気をメールに込めるのでしょう。

少し年配の世代であれば、「手書き」で手紙や葉書をしたためる人もいるでしょう。相手に合わせて便せんや絵はがきを選んだり、自分で描いて絵手紙にすることはのんばーばる

comです。仕事の相手にはPCで書くことが相手への礼儀とも考えられますが、逆に文字が事務的でこちらの気持ちが届きにくいこともあります。知り合いの編集者は、本に関する苦情の手紙に対して手書きで謝り状を書いたら、誠意が通じたようだと話してくれました。文に込めた内容もありますが、手書きがのんばーばるcomを届けたのです。

電話では顔が見えない分、「声の調子や話し方」というのんばーばるcomが、気持ちを伝えます。私の学生時代は、友人とよく長電話をしたものです。電話は空間は共有できませんが、時間を共有しています。また、双方向のやりとりができるので、電話を切った後も「楽しさの余韻」が残ります。仕事上でも、都会の会社は早口で事務的な対応が多いのですが、地方ではひと味違うことがあります。雑穀を頼もうと、岩手の農園に電話をしたとき、方言のイントネーションが温かさを伝えてくれました。もちろん、人にもよりますが、地方に流れているゆったりとした時間や人付き合いの温かさが声の表情というのんばーばるcomから感じられたのです。

相手の姿や声を届けられるスカイプは、今や遠く離れて勉学に励む留学生たちの強い見方です。それでも、空間は共有できないので、ふれあったり、匂いを感じたりすることはできません。肌のふれあいが必要な赤ちゃんは母親に抱かれるまで泣きやみませんし、恋人同士もなぜ遠距離恋愛が辛いかといえば、相手の匂いや手の温もり、生きている相手を直接感じられないからでしょう。単身赴任で微妙にひびが入るのは、相手を聴覚や視覚では捉えられても、五感でまるごと相手の気配を感じることができないからです。一緒にいて、相手の声を聞き、視線を合わせて笑顔を交わし、匂いや手の温もりを感じ、一緒に食事をする、こういうごく当たり前のことが幸せにつながることを心に留め、できるだけ「会う」機会を作ることです。

◆メディアを賢く選択する時代

現代は、相手との距離や時間帯に関わらず、コミュニケーションが可能にならないかと、いろいろなメディアが工夫されてきました。それぞれの特徴を自分で賢く選択して使う時代に入ったのです。メディアに振り回されないようにするには、「会う機会を増やす」、「意識的にのんばーばるcomを込める」、「一言でも自分の言葉で返事をする」ことです。

また、コミュニケーションは心の交流であることを心に留め、便利なメディアを誤用しないことも大切です。職場の隣にいる人に、声をかけずにメールで用件を伝えるのは誤用ですし、「既読スルー」を日常のコミュニケーションに持ち込むのも誤用だと私は考えます。メールでけんかをすると言葉のバトルになってしまい、のんばーばるcomというクッションが効かずに、泥沼化しがちです。それだからブログが炎上してしまったりするのです。顔を合わせると言いにくいこともあるのでしょうが、だからこそ歯止めにもなり、相手の気持ちを理解する手がかりがのんばーばるcomにあるはずなのです。

♥人間関係を築くには「会ってのんばーばるコミュニケーションを交わすこと」

相手と目を合わせ、にっこり笑って人間関係をスタートさせたら、のんばーばるcomで人間関係を築いていこうとお話ししました。遠方で連絡をとりにくい場合に、顔を合わせないコミュニケーション手段が工夫されてきましたが、「会う」ことは基本です。人間関係を築くのにのんばーばるcomは欠かせません。顔を合わせたコミュニケーションがあってこそ、メディアの多様性が生かされます。相手の心の痛みをのんばーばるcomから汲み取り、思いやることのできる「人間としての懐の奥深さ」を一人ひとりが自分の中に育んでいきたいものです。

♠本の紹介
・遠藤俊介（二〇一一）『カンボジアの子どもたち―遠藤俊介写真集』連合出版
・志村季世恵（二〇〇六）『大人のための幸せレッスン』集英社新書

第四章　異文化とのんばーばるコミュニケーション

心の交流に欠かせないのんばーばるコミュニケーション。五感を開いてそれらを受け取ったら、視線を合わせて笑顔であいさつし、少しずつ信頼関係を築いていこうとお話ししました。しかし、ここで一つ問題が出てきます。世界に目を向けると文化によって、のんばーばるcomの伝え方や受け取り方が同じとは限らないのです。この章では、文化によってどのようにのんばーばるcomが異なるか、そのために起きがちなすれ違いに気づくには、また違いを超えてお互いを尊重するにはどうしたらよいかを考えてみたいと思います。

■文化ごとに異なるのんばーばるコミュニケーション

外国を旅するときに、言語ができなくても身ぶり手ぶりで何とかなる、とよくいいます。これは、その通りである面もあり、その通りには行かない面もあります。アメリカ人の友人のローラ・フォードと身ぶり・手ぶりについての共同研究を始めたのは、言語ばかりでなく、しぐさやジェスチャーも文化によって異なることに気づいたからです。研究を始めた頃、私たちは二十代の博士課程の学生でした。応募したトヨタ財団の研究助成に選ばれ、「お互いの文化の身ぶり・手ぶりを理解し合い、双方の文化のよりよい人間関係につなげたい」という私たちの気持ちに励ましをいただいたようで、とても嬉しかったのを思い出します。

◆否定のジェスチャー

二人で研究を始めて、最初に私が驚いたのは、私のする否定のジェスチャーがローラに伝わらないということでした。日本人はよく、両手を交差させて否定を伝えます。学食の席が空いているかどうか見に行った一人が、×印のジェスチャーを送ってくれば、「こっちは一杯だからだめだよ」の意味です。ローラにはこのジェスチャーが何を意味しているかわかりませんでした。それでは、片手を左右に振ったらわかるだろうと思いきや、これもわからないと言います。「飛んできた虫をよけているの?」「暑いから扇いでいるの?」と言われてしまいました。海外旅行は身ぶり手ぶりで何とかなると思っていても、NOが伝わらないのは困りもの。「じゃあ、そういう時はどうするの?」と問えば、「首を横に振る」と言い、「あっ、それは同じだ」と共通点も見つかるのです。

イタリアでは、同じ国でありながら、北部のローマでは首を横に振ってNOなのに、南のナポリでは、首を後ろに倒してNOになるといいます。これは、『ジェスチュア』を著したデズモンド・モリスが大規模な調査で明らかにしたことです。自分の文化で育つうちに無意識に覚えてきたジェスチャーは、世界を視野に入れると違うことがあるのです。

◆数を表す指文字

我が家では子どもたちが小さい頃、夫の学会出張に同行して、よく海外を旅しました。ドイツのハン・ミュンデンという小さな街へ行ったときのことです。娘の靴を買おうと靴屋さんに入り、三十というサイズを見せてもらおうと、お店のおばさんに声をかけました。ところがおばさんには英語が通じません。これは困った！　私はドイツ語は全くわからないし。それで指文字なら通じるはずと、人差し指、中指、薬指で三を、親指と人差し指の先を合わせて○を示し、三十と伝えました。ところが、おばさんはしばらく首をかしげています。そして親指、人差し指、中指で三を示してきました。そうそうとうなずいて靴を履かせてみましたが、まだ少し小さい。そこで、数字の三は覚えたので、三十一はありますかと指文字で聞きました。ところが、これもすんなりとは通じません。私の一は人差し指、おばさんは親指だったのです。靴は無事に買うことができ、この街では数字を表す指文字が日本とは違うんだと認識しました。

しかし、この話はこれだけでは終わらなかったのです。やれやれ、やっと靴も買ったしと、同じ通りの二、三軒先にあった、カウンター式のコーヒーショップで、コーヒーを一杯頼みました。数字の一は靴屋さんで覚えたはずなのですが、つい、いつものくせで人差し指を一本出してしまいました。そうしたら、コーヒーが何杯出てきたでしょう？　一杯ではなく、二杯だったのです。カウンター越しで見えにくかったこともあるでしょうが、靴屋のおばさんとのやり取りから推察すれば、一が親指で、三が親指と人差し指と中指なのだから、二は親指と人差し指になるのでしょう。カウンター越しに私が日本式の一として出した人差し指を、お店の人は二杯と読んだのです。先ほどのNOもそうですが、数字も日常の基本的なジェスチャーで、それがすんなり伝わらない地域が世界にはあるのだと気づいたのです。

中国からの留学生にこの話をしたら、中国の数字を表す指文字は違いますと話してくれました。一から五までは日本と同じですが、六は親指と小指を立てて、七は親指、人差し指、中指をつけて、八は親指と人差し指を開いて漢字の八を表し、九は人差し指の先を曲げ、十は拳を握るグーの形か、人差し指と中指を絡ませて表すといいます。彼女はこの話に加えて、「中国は広いので、私はこういうジェスチャーを使うのですが、他の地域ではわかりません」と言いました。これは大切な点です。ハン・ミュンデンの数字の表し方もドイツはみなそうかと考えるのは早計なのです。イタリアの北と南でNOのジェスチャーが違ったように、方言のごとく、地域ごとのジェスチャーの違いもあるのです。「〇〇人のジェスチャー」とは一括りにできないと、『ジェスチュア』を著したモリスは語っています。

◆失礼にあたるジェスチャー

数字はすぐに伝わらずに困りはしますが、言葉が違うように、覚え直せば問題はありません。感情的なすれ違いが起きるのは、ある文化ではごく普通のジェスチャーなのに、ある文化では「失礼にあたる」という場合です。

私が大学卒業後、企業で社内の英語研修の仕事をしていたときの話です。生徒である社員たちから、アメリカ人の教師に対して不満が出ました。教師が教壇に腰掛ける、コーヒーカップを片手にやってくる、サンダル履きのラフな格好でやってくる、教師ともあろうものが何としたことかというわけです。これは数十年前の話ですから、今は英会話教室でのこのような外国人教師のスタイルもお馴染みでしょう。しかし、今も昔も日本では、教壇や生徒の机は教師が腰掛ける所ではありませんし、授業中には飲み食いはしないのが原則で、教師は教師らしい服装を求められるのです。そのような社員たちの教師像とその先生の行動があ

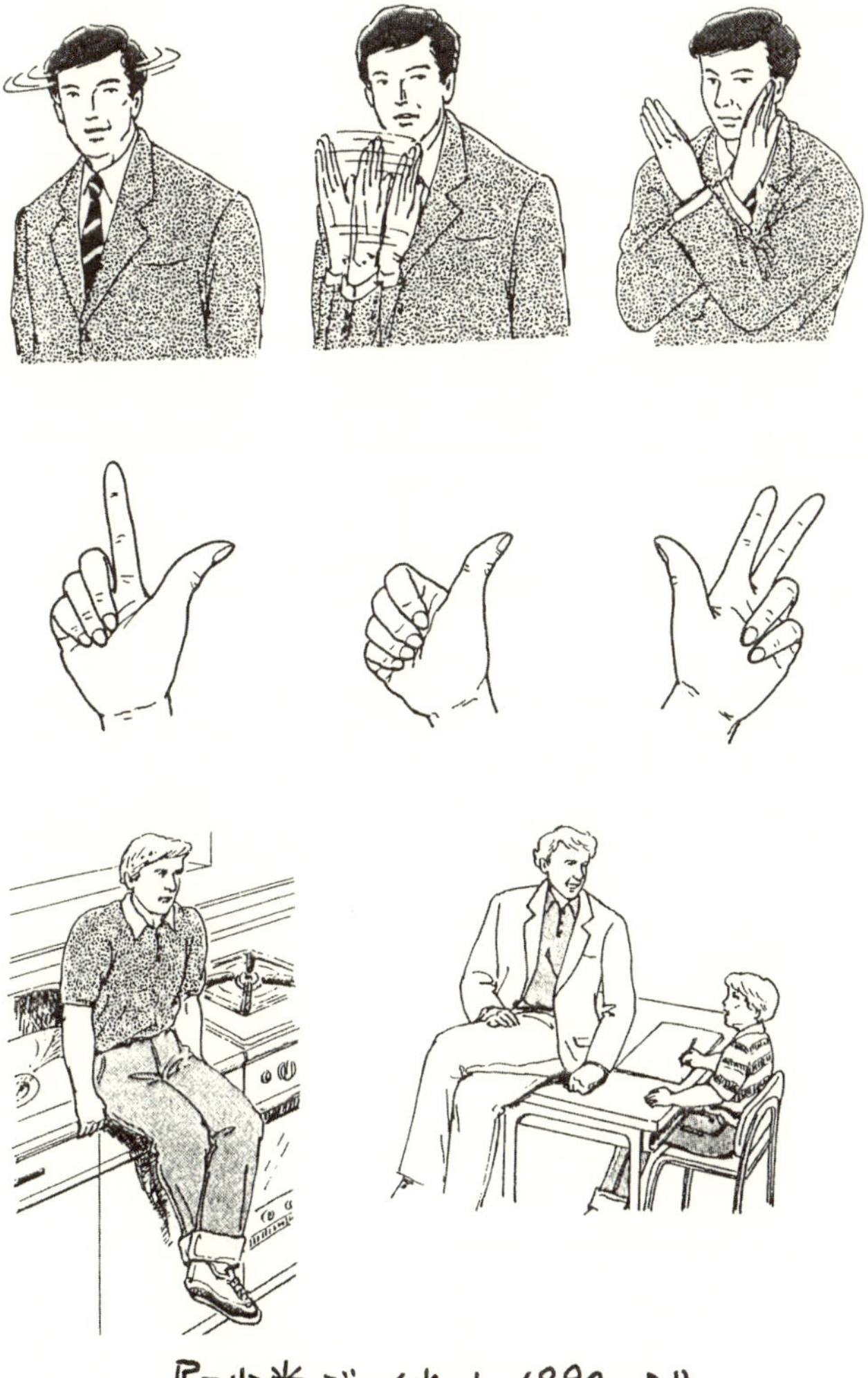

『三省堂ぶっくれっと 1990』より

まりにもかけ離れていて、社員たちは失礼だと感じたのでしょう。

ローラに聞き、調査もしてみると、アメリカの教室では、教師が教壇や生徒の机に腰掛けるのはごく普通のことでした。これは、教師自身がくつろいだ姿勢を取ることがクラスの雰囲気をやわらげ、勉学への集中を促すと考えるためのようで、日本のように授業はまじめに緊張した雰囲気でと考えるのとは正反対です。教師に指名してほしい時は、生徒は自分の机に腰掛けて他の生徒より一段高い所から手を挙げたりするといいますし、家庭でも、大きくなった息子がキッチンの調理台に腰掛けて、母親と話したりもするのです。

アメリカ映画には、よく靴を履いたまま、机の上に足を投げ出して話し合いをしているシーンが出てきますが、これも日本ではしません。アメリカでは家庭内でも、図書館でも、教室でも、ごく普通に取られる姿勢だといいます。これもくつろいだ姿勢であり、なんら相手に失礼ではないのですが、日本では「靴を履いたまま」「足を机の上に投げ出せば」、横柄な態度で相手を見下しているように受け取られます。モリスの『ボディートーク　世界の身ぶり辞典』によれば、これをタイやシンガポール、サウジアラビア、エジプトなどで不用意にすると、人が殺されることもあるといいます。これらの地域では、靴底は地面を踏むので身体の中で最も卑しいところと考えられ、そこを人に向けるということは、相手を強く侮辱したことになるからです。

◆あいさつののんばーばるcomは多様

日米のあいさつについてローラと調査をしたことがあります。調査前には、日本人はお辞儀や会釈、アメリカ人は握手だろうと、私は単純に考えていました。ところが、調査を終えてみると、アメリカ人のあいさつののんばーばるcomは多彩で、しかもいろいろなルールがあることがわかりました。日本人は予想どおりで、ほとんどがお辞儀や会釈、親しい人には手を上げたり、手を振ることもありました。アメリカ人の場合は、握手の他にハグやキス、腕を組むなど、相手とふれあうあいさつがいろいろあります。その他には、頭を軽く上下させてあいさつします。

ふれあいのあいさつには男女で異なるルールがありました。アメリカでは、男性同士の典型的なあいさつは握手、女性同士はハグとキス、男女間では仕事上では女性も握手をしますが、ふだんは女性が手を差し出したときだけ男性は握手します。男性同士は、握手以外のハグやキスはしません。これは、公にふれあうからこそ、ルールができたのでしょう。

よく、日本人の握手は弱々しいと言われます。ふだんは握手をしないので、手と手がふれあうことで伝わってしまうのんばーばるcomについて、感覚がつかみにくいのでしょう。ドイツ人の学生が、握手にはさまざまな気持ちや感情が入っていて、握り方、その強さ、握っている時間、握った手を上下に振るかどうかなど、特にビジネスでは微妙に影響するのだと教えてくれました。日本のお辞儀も、頭を下げる角度や、下げている時間などで、意味合いが異なるのと同じかもしれません。「あいさつに取り入れられているふれあい」は日本人には未知の領域で、なかなか慣れるのも、真似をするのも大変です。

ふれあいが苦手な日本人だからか、握手は日本人のあいさつとして、定着していません。外国の人と会ったときの握手、スポーツ選手が試合の前後にする握手、役者や歌手がファンの人とする握手、政治家が選挙運動で有権者とする握手など、特別な場合にしかしません。ところが、同じアジアの国である韓国は、お辞儀もするけれど握手もする国です。ふれあいの好きな韓国の人たちは、もともと韓国のものではない握手を日常に取り入れ、どちらも一緒にすることが多いのです。

◆頭を下げる文化と下げない文化

お辞儀は日本人の日々のあいさつの大半を占めます。あいさつの言葉は、お辞儀なしには考えられません。接客の仕事でも「いらっしゃいませ」「ありがとうございました」「申し訳ございません」など、それぞれの場合によって頭を下げる角度や下げている時間が変わってきます。日本人は、身につけるべきしぐさとして、家庭でも、学校でも、社会でもお辞儀を適切にできるよう教えるのです。

ところが、『ボディートーク　世界の身ぶり辞典』のお辞儀の項目をみると、お辞儀は相手への尊敬を表すが、「従属的に身体を低める古代の形」と書かれています。当然、イギリス人であるモリスの西欧的視点からの記述ですが、頭を下げることも、身体を低めることにつながるという解釈なのでしょう。昔は西欧でも一般的なあいさつの仕方でしたが、今は宮廷などの公式な場に限定され、一般には平等な関係を表す「握手」をします。

アジアではどうでしょう。留学生たちに話を聞くと、韓国ではお辞儀が多用されるようです。しかも、場面場面でお辞儀の仕方に決まりがあるようです。教師に対しては、九十度に身体を倒して尊敬の念を表すといいます。台湾からきた留学生は、「お辞儀はしない。会釈まで。ビジネスでは握手」といいます。中国からきた留学生は、「先生には両手を脇につけて礼をするが、友人には笑顔で手を振る。さらに親しい友人とは、手をつないだり、腕を組んだりする。握手は社会人になると使い、地位の上の人や年長者、女性が先に手を差し出します」と話してくれました。

◆ふれる文化とふれない文化

日本人は、赤ちゃんが生まれると抱っこし、おんぶし、川の字になって添い寝し、一緒にお風呂に入るという、スキンシップをたっぷりとる暮らしを始めます。しかし、いつからか、膝に乗ったり、手をつないだりすることはなくなり、大人になると、逆にふれあいは苦手になります。

アメリカでは、赤ちゃんはバギーに乗り、夜は一人で寝るようにしつけられます。子どもたちが小さかった頃、ローラが『ベッドの下にワニがいる!』という絵本をくれました。子どもが自分の部屋で一人で寝ようとするのだけれど、ワニが出て来て恐くて寝れないというお話です。こういう絵本があるのはアメリカだからだと思ったものです。しかし、あいさつには、握手やハグなどふれあいが取り入れられています。

韓国は、ふれあいの大好きな文化です。大人になっても、娘や息子がキッチンに立つ母親を後ろからハグする姿はよく見られるといいますし、親しい女性同士は、腕を組み、手をつないで歩くのが普通です。韓国からの留学生が、親しくなった日本人の友人と手をつなごうとしたら、さりげなくほどかれてとても寂しかった、と話してくれました。逆に、韓国に留学して韓国のふれあい文化に慣れ親しんだ日本人や、欧米に行った日本人留学生からは、日本ではハグがないので寂しいと聞いたこともあります。ふれあうというのは、心の壁が一枚無くなるような感じがします。そういう感性が一旦芽生えると、ふれあいのないことで心の壁を感じるようになり、寂しさがつのるのでしょう。

◆多極的な視点とトータルで見る視点

日米を比べると、アメリカ人はふれあいが多い文化です。しかし、アメリカ人からすると、自分たちはイギリス人やドイツ人と同じように、あまりふれあわない文化だといいます。もっとふれあう文化はというと、フランス人、イタリア人、ロシア人、スペイン人、南米の人々だといいます。このように他の文化も加えて三者以上の多極的な視点で見ると、「世界の中での自国の文化」という見方ができるようになります。二者比較は優劣の評価を持ち込みやすくなるので、多極的な視点で物事を考えることは大切です。

日本の文化は、子どもが幼いときにスキンシップをたっぷりとって、親子の絆をしっかり築くやりかたです。西欧のやりかたを一部だけ取り入れると、ある意味ちぐはぐになります。アメリカでは日本のようなふれあいが幼少時に少ない分、大人になってもハグやキス、握手など、公式のあいさつの中にふれあいを残しているとも考えられます。それぞれの文化のやり方があるのです。それを一部だけ他の文化のやりかたを取り入れ、小さい頃に抱っこでなくバギーに乗せれば、大人になるまでのトータルなバランスという視点からすれば、日本の子どもたちは十分にふれあったという満足感に至らないのかもしれません。いずれにせよ、お母さんの愛情のこもったスキンシップは、子どもの心を成長させる大切なものです。

◆普遍性と文化や習慣による違い

視線も、合わせる文化と合わせせない文化があります。これもどちらがよいと単純にいえる問題ではありません。目は多くを語ります。相手の真意を確かめようとすれば、やはり目を見るでしょう。赤ちゃんは相手の目を見つめます。相手に関心があれば相手を見るというのが、人間の目の動きとして普遍的であるように思います。

これが、それぞれの文化のやり方を教わるようになると変わってきます。家庭や学校で目を見て話すように言われたり、逆に目をじっと見るのは失礼であると教わったり、アルバイトのマニュアルで規定されたりと、さまざまな理由でどちらかが奨励されたりすることで、視線の使い方に価値観が入ります。その人自身の性格や個性も影響します。本来、人の行動は優劣の判断を下す問題ではなく、文化が異なれば、相手が異なれば、状況が異なれば、異なるのです。その時々に何が適切かは、やはり自分の直感と感性で決めることだと、私は考えます。

◆タブー

日本では、小さい子どもの頭を「かわいいね」となでたり、泣きべそをかけば、「よしよし」と膝に抱き上げて、やさしく頭をなでたりもします。これは、親や大人から子どもへの親愛の情を表します。ところが、タイに行くと頭にふれるのはタブーとなります。これは、頭の上は精霊の宿る所で、神聖な所と考えられているからです。ただ、お坊さんは頭に手を置いて下さることもあると、タイで日本語教師をしていた学生が話してくれました。日本では、漫才などのステージ上で、ふざけながら相手の頭を叩くという場面をよく見かけます。これについては、ローラと調査を始めた当初から、身体の中で大切な場所である頭を叩くことは考えられないという意見を、欧米の人からもたくさん聞きました。タイではとんでもない事となるのです。

◆身ぶりの辞書の必要性と観察眼

このように、ある文化では良い身ぶりなのに、他の文化に行くと相手を侮辱したり、タブーだったり、失礼にあたるとなると、なかなか大変です。モリスはこういう誤解を防ぐために「身ぶりの辞書」が必要であると説き、私とローラも、日米のジェスチャーについての調査結果を『日米ボディートーク　身ぶり・表情・しぐさの辞典』としてまとめました。言語の辞書作りも大変な仕事ですが、身ぶりやしぐさは無意識にされていることが多いために、さらに困難なことがあります。どのジェスチャーやしぐさを取りあげるのかという所から始まり、文化差、地域差、年齢差、状況差、個人差までを考慮に入れつつ、できるだけ詳細に多数の人に意見を聞いて、それをまとめるという時間のかかる手仕事です。

言葉の辞書と違って、内容的に信頼のおける身ぶりの辞書はわずかしかありません。写真やイラストに意味が少し書いてあるだけの簡易なものが多く、本格的なジェスチャー調査を踏まえたものはまれです。このような現状では、「観察眼と五感」が頼りです。子どもの頭をなでたら「えっ」という顔をされたことを感じれば、「何かいけないことをしましたか？」と問うことはできます。異文化から来た人には、詳しく説明してくれるでしょう。そのとき、私の文化ではこういう意味なんですと話せば、お互いの文化を理解する糸口となり、草の根の交流ができます。何事も、このような小さな交流から、異文化理解が始まるのです。

■「見る文化」と「ふれる文化」も異文化

五感のいずれかを使えない場合にも、「文化が違う」と考えることができます。夫が急激に視力を落として楽譜が読めなくなり、好きなピアノが弾けなくなったとお話ししました。実はその後、ピアノを弾きたいという思いを捨てきれず、暗譜をしていればピアノを弾けるのではと思い至ったのです。そして、「それは、できますよ。手の触覚で暗譜すると忘れません」と言って下さる先生に出会ったのです。確かにシーンレスの音楽家は何人もいるわけですから、できないことはないのです。先生はたとえ今より見えなくなっても触覚で弾くことができると、ごく当たり前のように話して下さったのです。

これは、「見る文化」にいた者が「ふれる文化」という異文化に足を踏み入れたと考えられます。先生は、目で楽譜を見て覚えるよりも、指で鍵盤をさわって覚えた方が忘れないといわれます。同じことを造形作家の西村陽平さんも書いておられます。盲学校で一人の小学生が粘土でカメを作ったとき、「私などは、目で見たものを覚えてあとで作っても、どこかあやふやな所が出てくるが、彼はいったん手で見て覚えたら、裏の細かいところまで正確に作っている。今まで彼ほど、正確に再現できた児童はいなかった」と言うのです。夫は指の触覚で暗譜し、音楽を奏でるということを、今楽しんで始めています。

◆見る文化とふれる文化のバイリンガル

『ルポエッセイ　感じて歩く』にはシーンレスの三宮麻由子さんと盲導犬訓練士の多和田悟さんの対談が載っています。二人は、見える人と見えない人はやり方が違う、つまり文化が違うのだといいます。三宮さんは、「…確かにマイノリティだから、みんなと同じ『やり方』ができないという意味では困るんです。でも、『歩く』ことに関して別の『やり方』によって一〇〇%になるというか、『シーンレス』から『シーンフル』になるという意味では同じなんです」と言います。

三宮さんは、対談した多和田さんについて、見えることも見えないこともわかるから、その意味で「バイリンガル」だといいます。バイリンガルとは、例えば英語も日本語も母国語のように話せる人を指します。つまり、見えているのに、見えない人の感じ方もわかり、見えない人と同じ反応をほぼ同時にできる人だというのです。シーンレスの人の状況を五感で感じ取れないと、見える文化と見えない文化のバイリンガルにはなれないでしょう。また、優位な立場や多数派としての立場から手を差し伸べるというのでは、同等の立場にいるとはいえません。フェアでオープンな心があるからこそ歓迎されるバイリンガルなのです。多和田さんは、小学生のときに初めて点字を見て、これを目ではなく指で読む人がいるのを「すごい」と思ったのが、バイリンガルにつながったのだといいます。見えない人の次に付き合いの多い「車いすの人たち」からも、「文化が違う」ことを学んだといいます。

◆共通ののんばーばるcomで心の交流

文化ごとのやり方が異なるとはいえ、同じ人間として共通ののんばーばるcomはあります。まずは「笑顔」。笑顔は世界中どこへ行っても、相手を和ませます。心からの笑顔は相手を温かく受け入れる世界共通ののんばーばるcomです。そして、最後は「目」。相手の目の物語るものは、言葉が違っても、習慣が違っても、最終的には、人間として受け止められる共通ののんばーばるcomではないでしょうか。伝えたいこと、訴えたいことがあれば、視線を合わせるのは苦手などといってはいられません。目と目のコミュニケーションは、しばしば言葉を超えます。娘が三、四歳の頃、夫の友人であったアメリカ人の大学の先生と娘は大の仲良しでした。もちろん、英語は話せません。先生が我が家に来られると、彼女は、にっこり笑って、目を見つめて、ソファの上ではいつもぴったりくっついて座っていました。これだけで、歓迎の意も、親密感も存分に伝わっていたのです。

シーンレスの人にとっての目は「手」です。『掌の中の宇宙』という本に、「手は伝えます。友だちのぬくもりも、ほほえみも」と書かれています。シーンレスの小学生が卒業して行くとき、いつも手をつないで登校する友だちの手が「さよなら」を言っているようだったと書かれていて、心に染みました。

■多様性の理解「違って当たり前」

異文化は、日本の文化、イタリアの文化、のように国別に考えられがちです。しかし、関東と関西のように地域が異なっても文化は異なりますし、若者と年配者でも文化が異なります。男女という性別でも文化は異なり、我が家と隣の家でも文化は違うのです。このように文化差・地域差・男女差・年齢差、そして個人差もあるとすれば、相手は自分と「違うのが当たり前」ともいえます。人間として共通ののんばーばるcomで心の交流のベースができたら、相手と自分は違うという前提に立つ方が、多様性を受け入れやすくなります。これは日本人同士でも同じことです。異なるものを排除する傾向の強い日本ですが、「違って当たり前」と考えることによって、自分も安心して個性を出せるようになり、自分らしく生きることができるようになるのではないでしょうか。

◆文化に優劣はない

相手にふれることを積極的に取り入れる文化と、取り入れない文化、相手の目を見て話す文化と、視線を伏せることで相手への尊敬を表す文化、頭をなでて親愛の情を表す文化と、神聖な場所である頭にふれることはタブーと考える文化など、文化によるコミュニケーションの取り方は、正反対になることが多々あります。また、見る文化とふれる文化のように、やり方を変える必要が出てくることもあります。

自分の文化の中にしかいたことのない人は、自分が習い覚えてきたやり方しか知らないために、それが「当たり前」となり、どの人も同じと思い込みます。そうなると、異なったやり方に出会ったときにそれを受け入れることができず、偏見にもつながりがちなのです。しかし、これは優劣や、どちらが正しいかといった問題ではありません。人にはそれぞれ個性があるように、それぞれの文化の中で、受け継がれ、工夫されてきたやり方があるのです。お互いを尊重する姿勢が大切です。

◆ポジティブに相手を受け入れる柔軟な思考

異なるやり方に出会ったとき、あなたならどう反応しますか？　自分のやり方を優位に置いたり自分を守ろうとすると、つい相手に対して否定的になります。例えば、驚いて拒否反応を起こす、見下す、居心地悪さを感じる、こちらに合わせるように強要するなど。一方オープンな人は、「へえーおもしろい」と興味を示し、「どうしてこういうやり方をするの？」と異なるやり方や習慣を理解しようとします。「素晴らしい、素敵」という反応もありますね。多和田さんは、指で字が読めるのは「すごい」と思う人であったから、バイリンガルになれたのです。私も、ポジティブに相手を受け入れる自分でありたいと思います。

たとえ理解できなくとも、それは相手のやり方だと、お互いを尊重し受け入れることが大切です。ここで優劣の評価を持ち出すと、お互いを尊重することができなくなります。世界のあちこちをバックパックで一人旅をして回る若者たちは、様々なやり方に出会って視野を広げることができます。異文化を知り、「様々な当たり前」を受け入れることができるようになった人は、柔軟な思考の持ち主になれるのです。

◆新たなやり方をクリエイティブに創りだす

異文化間のコミュニケーションでは、始めから誤解が生じて話が進まないのでしょうか。いいえ、習慣ややり方の違いによって生じるわだかまりや違和感を、率直に話し合う姿勢があれば大丈夫です。心を開いて、心の交流をすることです。こちらのやり方が主流だからと多数派が力で一色に塗り込めてしまうやり方は、人々の心に平安をもたらしません。お互いに尊重し合い、譲り合いながら、どちらにも属さない新たなやり方を創りだすのです。このようなクリエイティブな方法は、時間はかかってもお互いが納得できるやり方を生み出すことができ、双方とも満足感が得られるのです。

♥のんばーばるコミュニケーションの多様性をポジティブに楽しむ

この章では、異文化とのんばーばるcomについて考えてきました。外国に行くとNOが通じなかったり、指文字の数字が理解してもらえなかったりと、身ぶり手ぶりも所変われば意味も異なると心得ておくことが必要です。サインを覚え直せば解決するようなことは、比較的異文化間の問題にはなりにくいのですが、こちらではていねいなしぐさがあちらでは失礼にあたったり、リラックスしているしぐさが相手を侮辱することになってしまったりすると、ぎくしゃくしてきます。またそれぞれの文化の価値観、習慣などにより、何を良しとするかが正反対であることもたくさんあります。

こういう場合に大切なのが、同じ人間として共通なのんばーばるcomで心の交流をすることと、違うのが当たり前という前提に立つことです。それぞれの文化のやり方に優劣はありません。ポジティブに受け入れてお互いのやり方を尊重し合う姿勢が大切です。

シーンレスの人たちの「聞く文化」「ふれる文化」も異文化です。異なるやり方で暮らしている人たちと捉えれば、それを理解するフェアなバイリンガルになれるのです。優劣のような評価や、多数派と少数派の関係を持ち出すのでなく、異なる文化をもった同じ人間同士としてお互いのやり方に耳を傾けましょう。

クリエイティブに解決法を創り出そうとすることは、オープンでポジティブな姿勢です。知恵を出し合って工夫するプロセス自体が人を生き生きさせると私は考えます。摩擦が生じたら、それをチャンスと捉えて常にクリエイティブに考えていくこと――それが異文化と波長を合わせてこの地球でハーモニーを奏でていくこと、誰もが幸せに生きていくことにつながるのではないでしょうか。

♠本の紹介

・イングリッド・シューベルト（一九八四）『ベッドのしたにワニがいる！』（うらべちえこ訳）佑学社
・三宮麻由子（一九九八）『鳥が教えてくれた空』日本放送協会出版会
・三宮麻由子（二〇一二）『ルポエッセイ　感じて歩く』岩波書店
・デズモンド・モリス（二〇〇四）『ジェスチュア―しぐさの西洋文化』（多田道太郎・奥野卓司共訳）ちくま学芸文庫
・デズモンド・モリス（二〇一六）『ボディートーク　新装版　世界の身ぶり辞典』（東山安子訳）三省堂
・東山安子／ローラ・フォード（一九八二）「日米の挨拶行動の記号学的分析」『記号学研究2　パフォーマンス：記号・行為・表現』日本記号学会編
・東山安子／ローラ・フォード（二〇一六）『日米ボディートーク　増補新装版　身ぶり・表情・しぐさの辞典』三省堂
・西村陽平（一九九五）『手で見るかたち』白水社
・西村陽平・成子良子（一九九一）『掌の中の宇宙　視覚障害児の学校生活から学ぶ』偕成社
・三砂ちづる（二〇〇九）『タッチハンガー　がんばり続けてなお、満たされないあなたに』マガジンハウス

♠イラスト（87頁）の出典

・東山安子「身振り・手振りは万国共通？―『身振りの辞書』作成プロジェクトより（1）―」『三省堂ぶっくれっと1990 March No.85』
・東山安子「日米の『姿勢』の違い・三例―『身振りの辞書』作成プロジェクトより（2）―」『三省堂ぶっくれっと1990 May No.86』
・東山安子「数を表すジェスチャー・ドイツの体験談―『身振りの辞書』作成プロジェクト（3）―」『三省堂ぶっくれっと1990 July No.87』

第五章　空間・場とのんばーばるコミュニケーション

コミュニケーション、そう、心の交流は人とつながり、日々の暮らしを心温まるものにするためにあるのではないでしょうか。昨今のコミュニケーションはメールを使うことが増えたため、ともすれば言葉のやりとりだけと考えられがちです。しかし、顔と顔を合わせれば、顔の表情、声の表情、身ぶり手ぶり、姿勢などののんばーばるcomから相手の気持ちを察することができます。言葉は思っているほど完璧ではありません。言葉の理解は、無意識の内にのんばーばるcomを土台としているのです。

この章では、相手と心の交流をする際の「コンテスト」ともいえる、「空間」について目を向けていきます。また、自分の「居場所」や「暮らしの場」についても考えてみます。

■人にはパーソナルスペースが必要

ここまで、ふれあいについていろいろ考えてきました。赤ちゃんは両親や周囲の人とのふれあいから愛情を直に感じ、その心を育てていきます。初めは自分では移動できませんが、そのうちに寝返りを始め、ハイハイを始め、ある日突然つかまり立ちをして、歩き始めます。そして、次第に自分で相手との間の距離を調節するようになります。大好きなママやパパならぴったりくっついていますが、見知らぬ人なら親の後ろに隠れて近づかなかったりします。このように、大人になるにつれ、人は自分の周りに自分を守る空間を必要とするようになります。人はふれあいも大切ですが、自分のパーソナルスペースも大切な空間となるのです。

◆「泡空間」というパーソナルスペース

パーソナルスペースは、自分の身体の周りを取り囲む泡のような空間です（cf.15頁）。目には見えないけれど、人は自分に合う大きさの風船のような空間の中にいて、その空間を常に持ち歩いているといった感じでしょうか。この空間は自分を守ってくれる、相手との間のクッションのような働きをします。このスペースには個人差があり、その人によって広さが異なります。人と話すのが苦手な人は、大きな泡空間をもっていますし、社交的な人は小さな泡空間をもっているともいえます。

パーソナルスペースは、相手や状況によって伸び縮みします。初対面の人、目上の人、苦手な人のように、心の距離が遠い人と相対するときは、自然に泡空間が大きくなって相手との間の距離が広がります。苦手な人が近くに寄って来たり、セールスマンが自分のスペースに入り込んで来たりすると無意識のうちに身体を遠ざけますが、それは自分を守るためにしている自然な行動です。

◆パーソナルスペースを奪うラッシュアワー

日本には悪名高きラッシュアワーがあります。電車の中にぎゅうぎゅう押し込められ、見知らぬ人との間には全く空間がありません。相手の顔は目の前にあり、臭いもします。これは、一人ひとりがもっている泡空間を全員が奪い取られている状態です。不快でないはずがありませんし、かなり異常な状態です。満員電車の通勤が苦痛な人は、ごく普通の人間としての感性をもっている人であって、ラッシュアワー通勤ができなくても病気ではないと私には思えます。むしろ、それに自分を慣らして毎日通っている方がストレスで、それが長く続けば、身体に不調をきたすのも致し方ないでしょう。

オランダの通勤時間帯の電車を思い出します。それほど混んでいるわけでもなく、クッションのきいた大きめの座席は四人掛けで、大きなテーブルがついています。人々は新聞を大きく広げて読んでいたり、コーヒーを飲んでいたり。こういう通勤なら楽しそうだなあと思ったものです。ロンドンの地下鉄は、どちらかというといつも混んでいて、ちょっと日本の満員電車を思い起こさせますが、それでも、相手との間に全く空間のないような状況には至りません。国の違いに限らず、都会の電車は比較的混んではいますが、それでも、日本のラッシュアワーは人としての我慢の限界を超えているでしょう。

◆相手との距離は「心の距離」

自分の泡空間が自然に小さくなるのは、親しい人や家族、恋人など、自分が心を許せる相手と一緒にいるときです。一緒にいて安心できる相手は、自分の泡の中に入ってきても不快には感じず、むしろ入ってくると安心感が増したり、心地よかったり、友情や愛情を感じたりします。

小さい子どもは自分の気持ちをストレートに表しますから、好きな人にはぴったりくっつき、知らない人には警戒して近づきません。大人になると、日本では相手にふれる距離、つまり自分の泡の中に入ってもいいと許せる人は厳選されてきます。親ともふれあうことは少なくなり、親しい友人とも手をつないだり腕を組んだりしません。心を許した恋人だけでしょうか。今までみてきたように、西欧の文化では、ハグやキスを「あいさつ」という公的な行動に取り入れています。これは、あいさつをするときにお互いの泡空間の中に入ることを許し合っているわけで、そのようなやり方でお互いの親しさを確認し合うのだと思います。大人になると自分の泡空間の中に相手を入れない傾向にある日本人は、親しさの確認を違う形でしているのでしょう。

◆座席と縄張り

座席を選ぶということは、自分の縄張り意識と強い関連があります。大学の授業は座席を指定しないことが多いので、四月に授業が始まると、学生たちは自分の好きな席に座ります。大きな講義室の場合は、どこに座るかで授業を聞く姿勢が変わります。集中して聞きたいなら前の方に座るでしょう。後ろに座るのは授業に関心が薄いという見方もありますが、私は講演を聞きに行くと、よく後ろの席に座ります。そうすると、聴衆の様子や講演の全体の様子がわかるからです。

学生たちは好きな席に座ってそこを自分の縄張りとすると、授業が続く半年間、だいたい同じ席に座る傾向にあります。私は、いつも授業の始めに学生の名前を呼んでいたのですが、座る席が固定している学生は、席と一緒に顔も名前も覚えてしまいました。

◆カフェのお気に入りの席

今はカフェで仕事をする人をよく見かけます。私も結婚してから、よく「お気に入りのカフェ」の、「お気に入りの席」で仕事をしました。家にいるとどうしても家事や雑事が気になって集中できないのです。必要な資料と原稿用紙と筆記用具を持って出かけ、いつものカフェのいつもの席に座った途端、仕事開始です。ところが、お気に入りの席が空いてないと困ります。仕事はどの席でもできそうなものですが、そうでもないのです。席が違うと集中力が下がって思うように筆が進まないので、こういうときは二番目に気に入っているカフェに行きます。これも、縄張り意識と関連があります。もちろん、その席はお店に来る人なら誰にでも提供されているのですから、勝手にそこが自分の席、自分の縄張りと決めているのですが。

◆電車の中の席と縄張り

電車の中では、端の席を好む人が多いようです。始発駅で並んでいてドアが開くと、必ずといっていいほど端の席から埋まっていきます。違う席に座っていても、端が空くと移動する人もいます。これは、端の席だと他人と接するのは片側なので、自分の縄張りとしては快適なのでしょう。自分の縄張りを広く取りたい人は、足を組んだり、新聞を広げたり、荷物を横に置いたりします。できるだけ、自分のパーソナルスペースを広く取りたいという意思表示です。しかし、公共の乗り物としては、お互いが譲り合う必要があるので、電車のマナー広告には、そのようなことをしないようにというポスターが掲げられることになるのです。

電車通勤で、いつも同じ車両、同じ席に座っている人も結構います。いつの間にかそこが自分の定位置となり、通勤電車の中で自分の縄張りになっているのです。見知らぬ人なのに、毎朝、同じ車両で顔を合わせる人が多いのは、その人と自分の縄張りが近いからなのです。

■心の交流のための「空間」を選ぶ

人と会って話をするとき、相手や話の内容によって、会う場所を選ぶ人は多いでしょう。場の選択が上手な人は、五感がよく働く人です。親しい友人や恋人なら、お互いの好きな空間がどういう所かよく知っています。二人のお気に入りのカフェだったり、海辺の砂浜だったり、満開の桜の木の下だったり。私は友人と会うときも、仕事の打ち合わせのときも、初対面の人に会うときも、相手に合わせてかなり念入りに場所を選びます。相手がアクセスしやすい所、静かで落ち着ける所、品のある所、心を込めて飲み物を入れてくれる所を厳選します。

どうして、会うための空間や場を慎重に選ぶのかといえば、空間というのんばーばるcomが二人の会話の内容や深さに大きく影響を与えるからです。その空間の中にいると居心地がよく、リラックスできて心を開くことができれば、その場で交わされたコミュニケーションは、かけがえのない心の交流となるのです。一期一会、その時、その場で、その人と会うのは、一回限りなのですから。

◆心の交流のための「座席」

待ち合わせのカフェを決めて相手と会ったら、どこのテーブルに座りましょうか。同じカフェでも、窓際の明るい席がいいのか、中央の広々とした席がいいのか、端の落ちつける席がいいのか迷いますが、その時の二人の気持ちに合う席を選ぶといいでしょう。これは頭で考えることではなく、自分のその時の感性で自然に選ぶことです。

座るテーブルが決まれば、今度はどの席に座るかです。これはパーソナルスペースの取り方と同時に、視線の問題も関わってきます。相手の目や顔を正面から見て話をしたいときや、相手と交渉するような場合は向かい合う席を選ぶでしょう。

ちょっと話しにくいことだったり、心が弱っていて相手の顔を見られなかったりするときは、角を挟んだ席や、隣り合わせの方が話しやすくなります。これは、目を合わせる緊張感を少しでも減らす座り方でもあります。中学校の教員をしていた社会人学生が、生徒の個人面談のとき、どこに座ってもらうかにとても注意を払うと話してくれました。感性の高い、優しい先生ですね。恋人同士なら、距離の近い隣り合わせを好み、しかも相手の目をみつめて話しています。

◆相手との距離感が合わない場合

会話をするとき、お互いが心地よい距離で話すと話しやすくなります。問題は、双方が心地よいと思う距離が異なる場合です。立ち話をしていて、相手が近すぎると感じて少し後ろに下がると、もう一人は遠いと感じてまた近づいてきて、これを繰り返して廊下の端から端まで移動してしまったという話があるくらいです。

敏感な人は、相手が距離を取りたがっているのに気づきます。どちらが譲ったらいいでしょう。自分の泡空間を広く取りたい人を優先してあげると、相手は安心して話を続けられます。一方で近い距離を好む人が、相手が離れていることで心の壁を感じてしまい、寂しく感じるということも理解したいものです。なかなか難しいことですが、思い切って相手の泡空間を受け入れれば、さらに温かな関係になれる可能性もあるのです。

◆自分の落ち着ける居場所

人は住まいの中にも自分の縄張りを持ちます。食卓の席は決まっている家が多いでしょうし、自分の机、自分の椅子、自分のコーナー、自分の部屋など、住まいの中に「自分の指定席」があると心が落ちつきます。泡空間は自分とともに移動しますが、心地よい自分の居場所は固定されているからこそ意味があります。

日本では、小学校に上がると机と本箱を買い与えたりしますが、案外自分の机で勉強せずに、家族のいるリビングのテーブルを好む子もいます。そういうときは、まだ自分ひとりのスペースを必要としていないのでしょう。私も小学生の頃は、弟や妹と同じ部屋に自分の机がありました。中学生になって、ある日突然二階に行くと宣言し、その日のうちに自分の机だけ二階に移動させたことを思い出します。恐らくその時、自分の空間がどうしても必要だという感覚が、突如自分の中から沸き起こったのだと思います。

個室が必要かどうかは、子どもの個性や家族のあり方と大きく関わり、必要な年齢にも個人差があります。必要でない時期に個室が用意されると孤立したり、寂しく感じたりすることもあるでしょう。母親はキッチンのテーブル、父親はソファなどが居場所であったりもします。全員に個室があるのがいいわけではなく、家族それぞれが居心地の良い居場所をもつことが大切です。

◆空間が「空間」であることの意味

「空間」とはその字が示すように「空っぽ」であることが大切です。片づけが推奨されるのも、物で埋まっていては「空っぽ」ではないからです。個々の人が持ち歩いている泡空間は目には見えませんが、それが確保されないラッシュアワーが苦痛なように、せっかく自分の居場所である机や椅子があっても、物にその場を占領されていたのでは意味がありません。自分の居場所は、自分の物の置き場ではなく、自分が心地よく座っていられる空間なのです。

そうはいっても、これは実際にはなかなか難しいことです。私の居場所であったダイニングテーブルの一角も、常に本や書類や郵便物が積み重なっていて、家族みんなのテーブルとしてのスペースをかなり侵食していました。書斎の自分の机を居場所とするようになってからも学期中は忙しく、いつも机の上は書類の山でした。反省の意味も込めていえば、これでは意味がありません。自分の居場所を常に快適にしておきたいなら、空っぽの空間が必要なのです。気に入った物だけを厳選して置き、あとは空っぽにしておくことが、自分自身の深呼吸できる空間を維持することにもつながるのです。

■家の間取りと家族のコミュニケーション

家の間取りは家族のあり方やコミュニケーションの取り方に影響を与えます。我が家の場合、子どもたちが小学生の頃は、ワンルーム式のドアのない間取りでした。子ども部屋にドアはなく、次の部屋へとつながっていました。学校から帰って玄関を開ければ目が合うようなテーブルの一角に、私はいつも座っていました。二階にある子ども部屋に行く階段もリビングから見渡せましたし、ドアがないので、子どもたちの声もよく聞こえました。

子どもたちが成人となったときは、社会人になって夜遅く帰ってくることもあり、自分の暮らしができるようにと個室を設けました。社会でのいろいろな気持ちを整理して自分に戻るためにも、個室が必要ではないかと考えたのです。私と夫は共同の書斎を作り、大きな本箱を作り付けました。この時期はここが私の居場所で、ダイニングテーブルはやっとみんなのものになりました。

湘南に引越すことになったとき、木をこよなく愛する工務店の人と出会い、建築家の人を紹介してもらって、天然木を使った家を建てることになりました。さあ、どういう間取りにしようかと、家族でいろいろ話し合いました。これまでも、家の中の空間のあり方については、ずいぶんと話し合ってきました。それは、家族の間のコミュニケーションに、家の空間のあり方が密接に関係していると感じてきたからです。

建築家の人と半年以上やりとりをして、様々な可能性を探りました。娘の一人は結婚して自分の家族を作ったので、もう一人の娘とどういう形で住むのがいいかを皆で考えたのです。初めは皆大人なのだから、それぞれが自分の部屋をもつ方がいいのではと考えましたが、結局できあがった家はオープンなワンルームで、トイレと浴室以外はドアがありません。二階は娘の居場所で、料理好きな彼女のためにキッチンもあります。一階と二階は吹き抜けになっていて、二階から一階を見下ろすこともできるし、声は筒抜けです。話し合いの結果、私たち家族はそれだけ「一体感」をもって暮らしたいと考えたのです。

◆木の家と「庭」という空間

この家を訪れる人は木の香りがするといいます。そして、暮らしている私たちが日々感じるのは、この家は「呼吸をしている」ということです。天然木を無塗装のまま使っているので、家の中の空気感が違うのです。密閉された感じがなく、常に空気がきれいです。都会に出かけて、汚れた空気やストレスの溜まった空気を吸ってくると頭が痛くなるのですが、家に帰ると空気が入れ替わるのか、すぐに元気になるということを、何度も実感しました。この家に感謝する毎日です。

この家を建てるときに、建築家の人が、永田昌民さんの『大きな暮らしができる小さな家』という本を持ってきてくれました。今は土地一杯に大きな家を建てる人が多いようですが、永田さんは、一回り小さな家を建てて木を一本植えましょうといいます。我が家もその考えに共感して、小さな家に大きな木を一本植えてあります。昔は、百年経って家を建て替えるときのために、木を一本植えたという話も聞きました。

庭があるというのも、呼吸ができる、つまり息苦しくない要因です。永田さんは、一部屋でも多くという建て方ではなく、家の外に余裕のある建て方を勧めておられます。家庭というのは、「家」と「庭」と書きます。我が家の周りは昔からの保養地で、個性的な家に大きな庭のあるお宅が多く、散歩の目を楽しませてくれます。庭にはテーブルと椅子がセットされていて、夏休みにでもなれば、あちこちからにぎやかな笑い声が聞こえてきます。川沿いの家では、流れを見渡せる二階のデッキに人が集います。家の建て方や建てる場所は、そこに住む人、集う人のコミュニケーションの仕方を変えます。我が家も個室ではなくオープンな間取りにしたことで、心もオープンになり、家族の間のコミュニケーションの取り方も変わった気がします。

yasuko

◆家に育てられる暮らし

私たちは、この家に「育てられている」といつも感じます。この家で気持ちよく暮らすために、またこの家に感謝して大切にするために、それにふさわしい暮らし方を探ってきました。自然な木に囲まれていると、暮らし方も自然に近くなります。

まず、止めたのは掃除機。あの電気音はどうも似合いません。はたきとほうきとちりとりを用意して、毎朝、パタパタとはたきをかけ、サッサッサッと床や畳を掃き清めます。夏には海風が肌に心地よいので、窓を全開にします。クーラーはありません。「昔は無かったよね」といいながら、冷蔵庫も置かずに暮らしています。この話をしたら、二十代の若者が「自分も便利さが人の生きる力や工夫を奪っているように思う」と共感してくれました。

コンポストを作ったので、生ゴミはみな土に還っていきます。それを使って、大根やかぶやルッコラなどの野菜を育てます。生ゴミがさらさらな土に還るのを実際にこの目で見ていると、「ああ、こうやってどんなものも循環するようにできているのだ」と感じます。夫はこれを見て、人もこのように地球に還っていくのだと感じ、死を恐れる気持ちがなくなったといいます。ゴミは一ヶ月に一回、一番小さなゴミ袋で出す程度です。

庭の水まきは雨水タンクをつけ、雨水を溜めて、それを撒いています。庭も最初こそ何も生えていなかったので、少し花を植えましたが、十年経った今は、飛んで来る雑草や種を待っていて、「あっ今年はこんな花が飛んできた」とか、「野芝がどんどん伸びてグランドカバーになってきたね」などと、次に何がやってくるのかを楽しみながら、きてくれた草木の手入れをします。我が家では、人が手を下す人工的な庭ではなく、自然が創ってくれる庭を楽しんでいるのです。

■生きる場は自分で選ぶ

大人になるまでは、自分の生まれた家に自分の居場所が用意されることが多いでしょう。感謝しながら、家族が用意してくれた自分の場を大切にして暮らすことで、自分がその空間に育てられるのです。大人になれば、「自分の生きる場」は自分で選ぶことが大切です。暮らしの場のもつ雰囲気は、その人の生きるリズムや人とのつながり、生き方に大きな影響を与えます。心の交流は、この暮らしの場を土台にして交わされるわけですから、「場の選択」は重要です。自分が五感を開いて元気でいられるかということも、この場の選択と大いに関係があります。

◆イギリス留学への強い想い

娘が中学三年の時、「外国の高校に行きたい」という強い気持ちを書き綴った手紙をもらいました。気持ちはわかったけれど、費用の問題、英語の問題、留学先の問題など、すぐには結論の出ないことがたくさんあり、「今はとにかく無理」と伝えたのです。しかし、娘はその想いが本当に強かったのでしょう。高校の三年間、留学用の英語を猛烈に勉強し、イギリスの留学先を自分で丹念に調べて願書を書き、ついに入学許可を取り付けてしまったのです。こうなったら、応援しないわけにはいきません。それまでも何度となく海外には一緒に出かけていましたが、家を離れて一人で暮らすことは初めてです。しかもそれが外国であり、知り合いは全くいないとなれば、心細くて当たり前。いくら勉強したとはいえ、自分の英語が通じるのか、習慣の違いに馴染めるのか、不安は尽きなかったに違いありません。彼女は芯は強いけれど、人と話すのも友達を作るのもどちらかと言えば苦手です。しかも家が嫌いで外へ出たかったわけではなく、家は大好きだったわけですから、そういう中で海外に出ることは、本当に自分の中の強い気持ちがなければ、できないことだったと思います。

今でも入学のためにイギリスへ送って行ったときのことが思い出されます。一緒にロンドンに行き、何日か一緒に過ごしました。よっぽど不安だったのでしょう。肌がとても荒れてしまいました。入る寮の部屋を見届けて、窓際に花を置き、さあ、私は仕事が始まるのでもう帰らなくてはなりません。もっと一緒にいてあげたいのに。かなり辛い別れでした。でも彼女はそれから、大学、大学院と五年間をイギリスで過ごし、勉学に励み、様々な人と出会い、イギリスの暮らしや価値観に馴染み、楽しみながら自分を創ったのです。

◆イタリアとの不思議な縁

最近、宮本映子さんの『ミラノ　朝のバールで』というエッセイを読みました。宮本さんは、不思議な縁でイタリアとつながっていました。十歳の時に、お姉さんが誕生日プレゼントにくれたイタリアの写真集に、魅せられてしまったのです。その本の著者にずっと手紙を書くことが日常の習慣になり、未だ見ぬイタリアへの想いをつのらせていた二十代、イタリアでの仕事の募集があり、イタリアに渡ることになりました。しかし、あんなに憧れていたのに、初めての海外生活で体調を崩してしまいます。不本意ながら帰国しようかと思っていたときに、なんと現在のご主人であるイタリア人の青年に出会ったのです。そのときの帰国は結婚報告となり、彼女は新たな家族を作って二十年以上、今でもイタリアで暮らしています。

勉学に励む場、仕事をする場、結婚して暮らす場、人生の節目にその人の「生きる場」は変化します。それは、何かの縁に引かれて動く場合もあり、自分の心の中からわき出てくる気持ちで動く場合もあります。「生きる場」は、その人の暮らしに影響を与えるとともに、周囲の人とのコミュニケーションにも影響を与えます。「生きる場」はその人に元気をくれる場でもあります。都会の暮らしが元気をくれるなら、それがその人の生きる場であり、海や空や風や鳥から元気をもらえるなら、私のように海辺が生きる場となるのでしょう。

◆ギャップイヤーが視野を広げる

池澤夏樹さんの『終わりと始まり』という本に「ギャップイヤー」という言葉が出てきます。人生のコースの中に敢えて一年間の隙間を作るのです。例えばイギリスでは、大学の入学許可を取ったら、入学前に一年間世界を見て回るとか、卒業後すぐに仕事につかずに、一年間バックパックで世界を見て回るというのです。「ワーキング・ホリデー」という、海外で一年間ボランティア活動や短期の仕事をする制度もあります。私が教鞭をとってきた大学でも、学生たちは何人もこの制度を使って海外に出かけて行きました。また、海外や国内で宿泊しながら農業体験ができる「ウーフ（WWOOF）」という制度もあります。都会に住む人にとっては、土にふれ野菜を育てる農の暮らしも異文化です。異文化を体験して異なる価値観や習慣に出会うことは、柔軟な思考を育て、生き方の幅を広げ、自分を広い世界の中で見つめ直すチャンスをくれます。

◆湘南という異文化に住む

私にとって、湘南は一つの異文化でした。都会から二時間しか離れていないのに、です。海の近くに越してから、急行に揺られて都会に出かけると五感が閉じ、帰ってくると五感が開くことをはっきり自覚するようになりました。五感が開いていると、海、山、空、風、太陽、月、鳥、草木などの自然から元気をもらえます。少々何かあっても、心は晴れ、自分が地球の生物の一員であることに感謝するのです。

海の波が、ゆっくり寄せては返すように、自然のリズムが生きている街では、時間も空気もゆったりと流れています。そしてそれは、人と人との関わり方や会話の仕方にも影響します。引越して来てすぐに感じたのは、お店の人の対応がていねいで、質問にもゆっくり答えてくれることでした。道ですれちがう自転車も、後ろから何度もベルを鳴らすのではなく、「すみませーん、通りまーす」と声をかけてくれます。江の電を降りた御婦人が、車掌さんに「ありがとうございました」と丁重にお辞儀している姿も見かけました。見知らぬ人でも、街の中の人々がお互いに譲り合い、温かい気持ちでつながっているような感じがするのです。ゴミの捨て方がきちんとしていることにも驚きました。古着、雑誌、ダンボールなど、皆きれいに紐で結び、きちんと積み重ねられています。ちょっと乱れて置いてあると、この間引越して来たばかりの人かなと、わかってしまうくらいです。自分たちの住んでいる地域を大切にしている気持ちの表れだと感じます。

今の私にとって、この湘南は生きる場です。若い頃にずっと住んでいた都会も、その時はその時で大好きでした。都会にありながら、大きな緑地が近くにあり、川に沿ってずっと公園がありました。秋になると、落ち葉のじゅうたんができて、その上を歩くとふかふか。コンサートホールも美術館もたくさんあるし、おしゃれな街でのウィンドウ・ショッピングも楽しみました。でも、五十年近くいた都会を離れて海の近くに住んでみれば、空気がおいしい！　日差しが違う！　やっぱりいつでも海辺に行けて、波に足を入れられるのは、心が洗われます。

日本には、きっともっと空気がおいしくて、自然に囲まれた美しい街がたくさんあるはずです。自分と感性があったり、縁があったりする場を自分の生きる場とし、移り住んでみたっていいのです。知らない街で住んでみるのは、素敵な冒険です。宮崎アニメの『魔女の宅急便』を思い出します。自分の家を飛び立ったキキは、自分の生きる場を見つけ、その街の人とつながり、働いて暮らします。「自分が元気をもらえる場」を「自ら選択すること」が大切です。都会が好きなら都会で暮らすのがいいでしょう。しかし、都会の方が地方より上とか、都会で生きる方が上といった優劣は一切ないのです。海外に行けば、日本の中にいるよりもさらに視野が広がり、様々な問題に気づいたり、考えたり、異なる習慣に接することで、生き方や考え方の幅が広がります。視野の広い人、心の広い人、考え方の深い人は、いろいろな人の生き方を受け入れる柔軟性があり、心の交流のできる人です。

♥空間と場はコミュニケーションの大切なコンテキスト

この章では、空間や場がコミュニケーションと暮らしに与える影響についてお話ししてきました。赤ちゃんにはふれあいが不可欠ですが、次第に自分のスペースも必要とするようになり、自分の周りに泡空間を持ち歩くようになります。この泡空間は、相手との親しさや初対面の警戒心などから、伸び縮みし、心の距離を表します。誰かと会うときは、心の交流ができるような空間や、お互いがリラックスできるような席を感性で選びましょう。会う場所や座席の選び方は、心を開いて話せるかどうかに関わってきます。人は自分の落ち着ける居場所も必要とします。家の間取りは家族のコミュニケーションのあり方に大きな影響を与えます。また、家の素材も、暮らし方、生き方に影響を与えます。

大人になれば、生きる場の選択は自分ですることが大切です。自分の家にいるのも一つの選択ですし、視野を広げ、自分の感性にあった土地で暮らすのも素敵です。相手と心の交流をするには、まず自分が元気であることが大切です。生きる場から元気をもらい、疲れたら癒してもらい、美しい心を育んでもらうことで、その場に感謝する気持ちが自然に生まれてくるのではないでしょうか。その土地に住む人が皆そういう気持ちになれば、人々のつながりも温かいものになり、その地に暮らすことが幸せに感じられるようになると思うのです。

♠本の紹介

・池澤夏樹（二〇一三）『終わりと始まり』朝日新聞出版
・エドワード・T・ホール（一九七〇）『かくれた次元』日高敏隆・佐藤信行訳　みすず書房
・角野栄子（一九八五）『魔女の宅急便』福音館書店
・ドミニック・ローホー（二〇一五）『屋根ひとつ　お茶一杯　魂を満たす小さな暮らし方』（原秋子訳）講談社
・永田昌民・杉本薫（二〇〇三）『大きな暮らしができる小さな家』オーエス出版
・宮本映子（二〇〇八）『ミラノ　朝のバールで』文芸春秋
・ＷＷＯＯＦ日本、星野紀代子、グレン・バーンズ（二〇〇三）『泥だらけのスローライフ　自分さがしの農の旅』実業之日本社

第六章　時間とのんばーばるコミュニケーション

暮らしとコミュニケーションは大きく関わっています。暮らすということは、家族や周囲の人とのつながりを大切にし、お互いに助け合いながら生きていくことですから。第五章では、泡空間、心の交流のための空間や座席、暮らす場、生きる場の選択などについて考えてきました。暮らしとコミュニケーションにとって、「空間感覚」が一つの大きな柱だとすれば、もう一本の柱は「時間感覚」です。この章では、暮らし、生き方、心の交流と密接な関係にある「時間」について考えてみたいと思います。

■時間に追われる現代生活と人間らしいテンポの暮らし

みなさんは、日々、「時」をどのように感じて暮らしていますか？　忙しい社会人なら、朝は目覚まし時計の音で起き、時計とにらめっこしながら朝食を取り、いつもの電車に乗るべく駅まで小走りし、駅の構内を早歩きして会社に到着。あっという間にお昼になり、五時を回ってもそのまま残業という感じでしょうか。私も大学の専任をしていた頃は、一時限の授業に間に合うように五時頃起きて、家族の朝食作りや洗濯をし、自分は食べる間もなく七時前には家を出て、電車に飛び乗るといった生活でした。夜の授業のある日には、九時過ぎに終わって帰途につくと、東京駅の構内はこうこうと明るく、ホームは電車の到着を待つ人々が長蛇の列を作っていました。電車が到着すると、あっという間に朝のラッシュ時と同じぎゅうぎゅう詰めです。自分もその中にいたにも関わらず、夜十時を回っているのになんという混み方だろうと思ったものです。

◆ヨークの時間の流れ

こんな暮らしに疑問をもったのは、イギリス北部のヨークに住んだときです。街のお店は五時に閉まる所が多く、ぎりぎりに入ろうとすると「もう終わりだから」と言われ、さっさと鍵を締められてしまいます。街のバス停に長い列ができるのは、この夕方五時。日本の夜十時とは随分時間が違います。季節にもよりますが、まだ太陽が沈む前で自然光が明るい時間です。イギリスは職住近接で、五時に仕事を終えて近くの我が家に帰り、夕食を家族と共にするのだといいます。友人の大学教師も、毎日家で夕食をとると言っていました。毎日五時にバスに乗るべく並んでいる人々を見ながら、これが人間的な暮らしだといつも思っていました。

◆歩くテンポの暮らし

ヨークの時の流れはゆったりと、濃く、深く流れていたような気がします。城壁に囲まれた街は歩いて回れる大きさです。たまにバスに乗るくらいで、車も自転車も使わずにどこにでも歩いていきました。つまり「歩くテンポ」で暮らしていたのです。

歩くテンポの暮らしには「安心感」があります。電車やバスの時刻に縛られないし、時が急に動いたりすることもなく、いつも一定の早さで過ぎていきます。毎日歩いていたので、街までの道の情景は今でも鮮明に浮かんできます。ポニーのいる草原、黄色い花房をつけるミモザ、四月になると満開になる美しい桜の木、道の横にあった赤い実をつける木、子どもたちが走り回っている小学校、年が明けると城壁に一斉に咲く黄色い水仙、新郎新婦が人々を招いてガーデンパーティを開いている教会の庭、それぞれの通りにある個性的なお店、お気に入りのカフェへの道など。今でも目がさえて眠れない夜には、ヨークの街の思い出の道をゆっくり歩くのが、私の楽しみです。

歩く速さに身体が馴染んでしまうと、自転車ですら速く感じます。都内に住んでいたとき

yasuko

は、家が駅から遠かったので自転車に乗らない日はありませんでした。海の近くに来て歩く暮らしをしてみると、歩けば目に留まる道端の野の花も、自転車では見過ごしていたことに気づきます。こういう感覚に慣れてくると、江の電のようなのんびりした各駅停車の電車はいいのですが、特急や新幹線のようなスピードを出す車体に自分が乗るということが、とても不自然に思えてきます。新幹線が目の前を猛烈なスピードで通り過ぎるのを見ていると、あの中の座席に座っている人々は、あのスピードで「運ばれているのだ」と違和感を覚えてしまうのです。

以前は国際線にも乗りましたが、今は時差のある違和感、つまりもう過ごしたはずの昨日をもう一度過ごしていたり、まだ過ごしていない時を飛び越えてしまったりするのが、自分の時の感覚に馴染まなくなってきました。ですから、懐かしいヨークにはもう行けないかもしれないけれど、私の心の中にはいつもヨークの街があるのです。

ヨークでは、音楽会にも歩いて行きました。街のホールで開かれたジャズコンサートには三十分歩けば行けましたし、歩いて十分ほどの教会でのコンサートにもたびたび出かけました。もっと近かったのは、大学の音楽学部のホールでのコンサート。目と鼻の先なので、夕食を終えて、着替えて出かけても、あくせくする必要はありません。大学のホールにも「十八世紀オーケストラ」などの著名なオケがやってきて、街の人々と音楽の楽しみを共有するのです。終わったら、星空を眺めながら芝生の上を歩くとすぐ家です。都内に住んでいた頃は、よく上野の文化会館に音楽を聞きに出かけました。仕事が終わって駆けつけて、合間の時間に急いで食事をし、演奏会が終わると混んだ電車で我が家に帰るといった調子で、今思うと音楽の余韻も半減していたに違いありません。

◆職住近接

たまに出かけたロンドンまでは、急行で二時間。ロンドンに着くと、随分遠くに来たと感じます。でもこの二時間、日本で仕事をしていたときは、通勤時間に匹敵します。学生たちも二時間かけて通学する人はたくさんいました。これが日本では普通でも、ヨークとロンドン間の通勤・通学を毎日していると考えると、なぜかとても不自然で大変な感じがしました。

仕事場と家が近ければ、お昼に家に戻って食事をすることもできます。ヨークでは、夫は朝、大学の研究室に出かけ、お昼は戻って来てみんなで昼食をとりました。夕方は五時を過ぎれば帰ってきます。日本では、このような距離で仕事をしている人はどれくらいいるでしょうか。夜中の十時の電車がサラリーマンで一杯になるということは、家族全員が一緒に夕食をとることが珍しいということです。日本の都会ではこれが当たり前の暮らしと思われていますが、本当にこれでいいのだろうかという疑問が湧いてきます。一日は二十四時間、それを少しでもゆったりと暮らしたいと思えば、通勤時間は一番初めになんとかしたい時間かもしれません。

◆手作りも人間らしいテンポ

歩く暮らしが心地よいのと同様に、「手づくり」も人間らしく心地よいテンポです。夕食を調える「手づくり」の時間があるからこそ、それを心から味わう食事の時間があるのだと、今は実感します。子どもたちが小学校の頃までは、手作りの食卓でした。しかし、仕事を始め多忙になってくると、ぎりぎりの時間に帰宅して、買ってきたおかずを並べるだけでも精一杯。食べる時間もさっと食べて後片づけという感じでした。今は、食事をする時間もさることながら、食事を用意する時間の豊かさを感じます。トントントンと包丁で切る音、ことことと鍋の中で野菜が煮えている音、パチパチという揚げものの音、味噌汁の美味しそうな匂い、こういうことを五感で捉えた身体は、食事を味わう準備を調えます。買ってきたおかずをいきなり食卓にのせるのでは、この手づくりしている間の「身体が食を楽しみにして待つ時間」がないのです。

着るものも同じです。お店に並んでいる服はできあがるまでのプロセスが見えません。どんな時間を経て、どんな人が縫って、ここに並んでいるのでしょう。この頃は、日常のシンプルな服は手づくりします。昔は足踏みミシンのリズムが好きでしたが、今はもっぱら手縫い。一針一針、自分のリズムで縫えるテンポが心を落ち着けてくれます。ミシンの目のようにきれいには縫えません。縫い目は大きくなったり、小さくなったり、でこぼこしますが、そこが味があっていいと娘はいってくれます。そして、この一針一針の時間がつみ重なって、一枚の服になるのです。

編み物も一目一目編んでいくテンポが心を落ち着かせてくれます。無心に針を動かしていると、心の中のざわざわやいらいらが次第に消えて、「静かな時間」がやってきます。手作りのテンポが、呼吸を整えてくれるのです。編み物は、糸から一目一目、布を織り上げていくような感覚なので、時間がかかります。セーターやカーディガンが編みあがるのを楽しみに待つ間も、豊かな時間です。

■時計を持たない暮らし

みなさんが時計を初めて身につけたのはいつだったでしょうか。今は携帯電話の時計を使っている人も多いかもしれません。私は、中学に入ったとき父に腕時計を買ってもらいました。高校卒業までのんびり日々を過ごしていた私にとって、時計がなければ困るような追われた暮らしはしていませんでした。それでも、ピアノの先生がフランスで住んでいたときの話をして下さったときに、腕時計はしないと言われ「えっ？　時計のない暮らしがあるんだ」とびっくりしました。日本の都会では、ことあるごとに時計を見てしまうという人が多いと聞きます。時計のない暮らしとは正反対です。

◆湘南時間

湘南に来て、「時計に縛られない暮らし」の一端を垣間見るようになりました。海岸に行くと、平日の昼間なのに、かなりの数のサーファーが、海の中でいい波がくるのを待っています。よく見ると、大人の男性がたくさんいます。この人たちはどういう仕事をしているのだろう、と思ったものです。早朝や夕方、ウエットスーツに身を包み、サーフボードを抱えながら、海岸に向かって嬉しそうに自転車を走らせる男性を見かけるのも日常茶飯事です。そのうち、いい波がくる日は、大工さんが海に行ってしまうので仕事をしに来ないとか、カフェで働いている人も、オーナーに「海に行って来たら」と言ってもらえるなどという話も聞こえてきました。湘南では、「海という自然を楽しみながら働く人」がかなりいるということです。仕事をないがしろにしているわけではありません。むしろ、クリエイティブな仕事をしている人、人とつながってこの地域から何かを発信していこうという、情熱をもった人が多いように感じます。

湘南には、週末しか開いていないお店や、週三日しか開いていないお店、日没までというお店、ラストオーダーが三時というお店、売り切れ次第閉店というお店がかなりあります。近くの手巻き寿司やさん、夕方行ったら、「今日は全部出ちゃったんですよ。明日また頑張ります」という具合。お庭の素敵なカフェがあるから行ってみようと探したら見つからず、電話をしたらもう今日は終わりと言います。四時閉店は知っていたけど、ラストオーダーが三時とは！　という調子です。こういうことを体験すると、自分の暮らしを大切にする働き方が湘南にはあるのだと感じるのです。

鎌倉にある服や雑貨を扱っているお店で、店番の人が一人でやっている所があります。ある日、十一時開店だからと寄ってみました。ところが、扉は閉まっています。ガラスの扉越しに中をのぞいたら、顔見知りの店員さんがお弁当を食べていました。私は湘南に暮らすようになって、こういうスタイルにほっとするようになりました。働き手も人間です。一人ならお昼を食べる時間をとるのは当然だと思うのです。手を振って、また今度来ますからと、にっこり笑って店を後にしました。

◆太陽や月と共に過ごす一日

このような湘南時間に影響されて、今は、太陽の動きと共に過ごす暮らしに変わりました。日が昇って辺りが明るくなり、鳥のさえずりが聞こえると、自然に目がさめます。外に出て、朝のひんやりした空気を胸一杯に吸って深呼吸、昇ってくる朝日に手を合わせます。朝食を調え、朝日を浴びながらゆっくりいただきます。お昼は腹時計と日差しが知らせてくれます。

日暮れの夕焼けの時間は、おひさまが隠れる前の、美しい素敵な時間。青空が段々ピンクやオレンジや赤といった美しいグラデーションに変わり、一番星がぴかりと光ります。私は、この夕焼けをゆっくり眺められることが、どんなに豊かで幸せなことかといつも感じます。仕事をしていると、なかなかこの夕暮れの時間を楽しむことはできません。ヨークにいるとき、この夕焼けのグラデーションが、特別に美しかったのを思い出します。日々違う、季節によっても違う、この空の色の美しい変化は、私を魅了してやみませんでした。そして、夜のとばりが降りると、空には輝く月とたくさんの星、遠くに人家のあかりがポツポツと見えたのです。

この夜空の星と月は、今の湘南の家でもよく見えます。二階の壁にはめ込まれた大きな窓ガラスは、カーテンがないのでいつでも外の景色が見えます。夜になると、黒々と見える木々の間に人家の明かりが小さく見えます。この時間になると、昼間はほとんど鍵をかけない家の扉を閉めて、一日を終える準備の時間に入ります。時間をかけて夕食を調え、仏様に手を合わせ、今日一日を穏やかに過ごせたことに感謝します。家族そろって、今日一日を振り返りながら話をし、身体に染み入る味を味わい、食事に感謝しながらいただきます。食後は木のお風呂の温かな湯に身体を沈め、窓から入ってくるひんやりした外気を胸に吸い込み、一日の疲れを癒します。寝床を整えていると、満月の光が差し込んでくることがあります。思わず月を見上げ、手を合わせます。仕事をしていた頃は、家族そろって夕食を取れる日は限られていました。一日の終わりもそれぞれが勝手に終わらせていたのですが、今は、「一日を終える時間を家族みんなで共有すること」を大切にしています。

◆一日二十四時間をどう暮らすか

一日は二十四時間、これをどのように過ごすと心地よいでしょうか。子育て時代は自分の時間を見つけたり、確保することに一生懸命でした。手帳にスケジュールをぎっしり書き込み、朝から晩まで動き回り、家事と子育てで細切れになる時間を取り戻すかのように、皆が寝静まった夜に仕事をしました。その頃はやりたいことがたくさんあって、それを優先させると、削るのは寝る時間でした。仕事の時間は自分の生き甲斐にも通じるので、気づかぬうちに増えていき、結局寝る時間と暮らしの時間を圧迫してしまう傾向にありました。

海の近くに来て、一日二十四時間をどう過ごすか、考え直してみました。基本的には、「寝る」「暮らす」「仕事」はそれぞれ三等分だと考えています。若い頃は徹夜は得意で、二日位は寝なくても大丈夫と、体力と気力に任せて自分の仕事を優先させてきました。しかし、「寝る時間」は一日中自分につきあってくれた身体に感謝し、その日の疲れをとる時間です。翌日新たな気持ちで一日を始めるためにも、とても大切であると認識し直しました。専任を降りて働き方を変えたことで、この寝る時間は安心して確保できるようになりました。何事も寝れば治ると実感している私は、これで自分の健康に自信がもてるようになったのです。

次に仕事より「暮らす時間」を優先することにしました。寝る時間と同様に、ある意味ないがしろにされてきた暮らす時間。それを取り戻して、楽しむ生き方を選んだのです。フルタイムで仕事をしていた時代は、暮らしを楽しむという余裕はなかなか持てませんでした。掃除、洗濯、食事のしたく、その他諸々の家に関わる事務処理など、できるだけ早く効率よく終わらせないと、仕事はできませんでした。そうすると、どうしても「事務的」になり、一番味気なくなるのが食事の時間だったように、今は思います。

じっくり炒めているゴボウからいい匂いが漂ってくるのに気づいたり、野菜を刻んでいて切り口の色の美しさに見入ってしまったり、ゴマを擂《す》っていてそのいい香りに思わず深呼吸したり、ということは、暮らしを楽しむようになってから感じるようになったことです。効率的・事務的な食事のしたくには五感で感じている余裕がないのです。掃除もほうきの音を楽しみながら掃き、無垢の床を雑巾がけしてだんだんに飴色に変わってくることを楽しみます。洗濯は青空を眺め、心地よい風を感じながら、昔ながらの竹の物干竿に干します。庭の水まきをしながら花壇の野菜が育ってくる様子を見たり、木の芽がふくらんでいるのを見て花が咲くのを心待ちにしたり、小さな雑草の花の美しさに目を留めたり。こうして暮らしていると、五感は常に心地よい自然の色や香りや形を感じて満たされ、心も同時に満たされてくるのです。

■モモの物語

ドイツの児童文学作家、ミヒャエル・エンデの作品に『モモ』があります。本の扉を開くと「時間どろぼうと盗まれた時間を人間にとりかえしてくれた女の子のふしぎな物語」と書かれています。主人公のモモは身寄りがなく、街の中の円形劇場にやってきて住みつきます。たっぷり時間をもっているモモは、人の話をよく聴いてくれるので、子どもたちや街の人がやってきます。そして、話を聴いてもらうことで、お互いのもめ事が解決していきます。人々は何かあると「モモの所にいってごらん」と言うようになるのです。

ある日、ここに灰色の男たちがやってきます。彼らは、冷たい息を吐き、彼らが近づいてくると辺りが寒くなります。彼らは人々から時間を奪って時間貯蓄銀行に貯め込む時間泥棒でした。彼らはこんな手を使います。いつもは楽しく仕事をしていた床屋さんが、ふと「はさみと、おしゃべりと、石けんの泡の人生」に疑問を持ちます。これで自分の人生いいのだろうかと。すると灰色の男はすかさずやってきて、「時間貯蓄銀行に口座を開きたいとお考えですね」と問います。そして、今まで無駄にしてきた時間として、睡眠、食事、耳の遠くなった高齢の母親とのおしゃべり、かわいがっているインコの世話、合唱団の練習、友人と会う、足の不自由なダリア嬢を毎日花をもって訪ねるなど、これら全部を無駄な時間として秒単位で計算して見せます。床屋さんは真っ青になり、時間を倹約して時間貯蓄銀行に入れれば利子もつくと聞いて、承諾してしまいます。

その後の彼の時間の節約ぶりはこうなります。お客さんには余計なことは一切せず、一言も口を利かずにさっさと終わらす、助手を二人雇って一秒も無駄にしないように監督する、母親は養老院に預けて月に一度だけ訪ねる、好きだったダリア嬢にはもう行けないという事務的な短い手紙を書いて関係を終わらす、インコはペット屋に売り払うという具合です。床屋さんは無駄な時間を倹約して楽しく暮らしたのでしょうか？　いやいや、床屋さんは倹約したはずの時間があとかたもなく消えてしまうので、次第に怒りっぽい、落ち着きのない人になってしまったのです。

この床屋さんと同じことが大都会の大勢の人に起こっていました。時間節約を始める人がどんどん増え、そうなるとそうしたくないのに、せざるを得ない人も増えてきます。仕事が楽しいとか、仕事への愛情をもって働いていることなどは妨げになり、大事なことは短時間にできるだけ多くの仕事をすることとなってしまったのです。

◆時は金なりか？

このモモの物語は一九七三年に書かれたものです。読んでいると、物語とは思えません。現実に今私たちに起こっていることが、そのまま書かれているように思えます。効率のみを求めて無駄を一切排すビジネスのやり方が横行し、働き手は身体を壊すまで使われ、不調を来たせば機械の部品のように新しいものに替えられてしまいます。そこには、働き手の暮らしを尊重する姿勢や、日々の楽しみを味わうことが人の暮らしだという考えがありません。

エンデは物語の中で「時間は貴重だ、無駄にするな。時は金なり、節約せよ」という標語が、職場全部に掲げられたと書いています。大都会の新築の家は、安上がりに早くと同じ形に建ててしまうので、そこに住む人の生活も同じになってしまったというのです。家の間取りは家族のあり方に関わり、家が住む人を育ててくれるとお話ししましたが、同じ家を建てれば、本来個性をもっているはずの人々が、みな同じ生活を強いられることになり、それだけでも息苦しいのです。

エンデはこう言います。時間を倹約することで、実は全然別の何かを倹約していることに誰も気づかなかったと。自分たちの暮らしが日ごとに「貧しく」なり、日ごとに「画一的」になり、日ごとに「冷たく」なっていくことを、誰も認めようとはしなかったというのです。気づいていたのは、子どもたちだけ。なぜなら、子どもたちと遊んでくれる時間のある大人が一人もいなくなったからです。父親も母親も、労働力として駆り立て、時は金なりと長時間労働を強いる現代社会を、少し客観的に見て、エンデの忠告に耳を貸す必要があるのではないかと思うのは、私だけでしょうか。

◆時間を感じ取るために「心」がある

モモは時間泥棒にやられてしまった街の人々を救うために、亀のカシオペアに助けられながら、時を司っているマイスター・ホラの所へ出かけます。モモは、時間とは「常に流れている静かな音楽のようなもので、私はいつもそれを聴いていた気がする」と言います。ホラは、「人は自分の時間をどうするか、自分で決めなくてはならない。…光を見るために目があり、音を聞くために耳があるのと同様に、人間には時間を感じ取るために心がある。心が時間を感じ取らないときは、その時間はないも同じだ」と言うのです。

第一章で「忙しい」とは心を亡ぼす、心が亡いと書くという話をしました。忙しいとは心が時間を感じ取らないことで、ホラの言葉を借りれば、その時間はないも同じなのです。モモが、時は常に流れている静かな音楽で、自分はずっとそれを聴いていたといっているのは、モモの心が時間を感じ取っていたということだと私は思います。モモは常にたっぷり時間をもっていたからこそ、人々の話に耳を傾けられたのです。

エンデは『エンデのメモ箱』の中に次のような逸話も残しています。ジャングルを進む遺跡発掘の探検隊の中にインディオと呼ばれる先住民が加わっていた。彼らは黙々と重い荷物を運び、初めの四日間は予定通りに進んだが、五日目に突然輪になって座り込み、進むことを拒否した。探検家たちは困って、賃金を上げるからとなだめたり、銃で脅かしたりしたが、どうすることもできなかった。ところが、二日経ったらインディオたちは急に立ち上がり、命令も待たずに歩き始めた。この二日間のことを聞くと、「速く歩きすぎた。だから、魂が追いつくまで待たなければならなかった」と答えたというのです。

この話はモモの物語にも通じています。速く歩きすぎて魂がついてこられなかったということは、「時間を感じる心」がついてこられないほどスピードをあげて仕事をしてしまったということでしょう。エンデは「外なる社会の日程表は守るが、内なる時間、心の時間に対する繊細な感覚をわたしたちはとうの昔に抹殺してしまった」と書いています。心と身体は一体なのです。現代社会の仕事の仕方は効率を求めるためにとても速く、心がついてこられずに呼吸が速く浅くなった人々は長期の休養を余儀なくされるような気がします。ピアニストの中にも人気が出てきて演奏会が増えると、何年もコンサート活動を休む人がいますが、これも、インディオの逸話に通じるのではと思います。

◆時は命——ていねいに暮らす

エンデは、「時間とは命なのです。命は人の心の中にあります。人が時間を節約すればするほど、命はやせ細ってなくなってしまいます」と書いています。これは、とても大切なことで、今の私にはこの意味がよく分かります。

海の近くに来てから、我が家では、心が時を感じられるよう、ゆっくりていねいに暮らすことを心がけています。夫は、毎日私とのお茶の時間を楽しみにしていますが、いつも「コーヒーを飲みたいのではなくて、コーヒーを一緒に飲む時間を楽しみたいのだ」と言います。娘は、野菜が畑で育ったときの様子に想いを馳せながら手ざわりを確かめ、やさしく洗い、ていねいに切り、じっくり煮込み、本物の調味料の手を借りて味を調えます。この食卓を調える時間には、創り手の命が入っていると感じます。何十年ぶりかで会った教え子が、私のことを、「土の香りがして、ていねいに暮らしていることが伝わってきます」と言ってくれました。湘南に引越して八年目でした。私の暮らしも少しは板についてきたかと、何よりの褒め言葉と受け取りました。

■スローライフは人とつながる暮らし

文化人類学者であり、環境活動家である辻信一さんは、NGO「ナマケモノ倶楽部」の世話人であり、『スロー・イズ・ビューティフル』『ゆっくりでいいんだよ』などの著作でも知られます。辻さんは、「スローライフ」とは、単にゆっくり暮らすということに留まらず、「人と人がつながる暮らし」だと言われます。ゆっくりていねいに暮らすようになると、心が時間を感じるようになります。そうすると、人がしてくれることに気がついて感謝の気持ちがあふれたり、相手の気持ちを思いやって受け入れたりできるようになります。事務的なやりとりには、心が介在しにくいのです。お互いが心を通い合わせながら一緒に仕事をすることで、人とのつながりが深まっていきます。

◆エンデの遺言と地域通貨

エンデがモモの物語で本当にいいたかったことは、現代の金融システムへの危機感だといいます。『エンデの遺言―根源からお金を問うこと』という本にエンデの考えが書かれています。「人が生きていくということの全て、個人の価値観から世界観までもが経済活動と結びついていることから、問題の根源はお金にある」と言うのです。物々交換で人々がお互いに助け合い、そこから貨幣が生まれたわけですが、一部の投機的なお金の動きで世界が混乱したり、富める人だけが利子を増やせるしくみは、何かおかしいのではないかと気づく人も増えてきました。

「時は金なり」と考えるのか、「時は命」と考えるかで、生き方は変わってきます。お金はたくさんなければ生きていけないのでしょうか。長野の友人の話では、野菜は自給自足が当たり前で、多くできればあげたりもらったりするといいます。都会では野菜はお金を出して買うのかと驚いたそうです。自分で作ったり、助け合ったりする暮らしには、「お金」ではなく「人とのつながり」が生まれるのです。

最近では「地域通貨」を取り入れる所も増えてきました。地域通貨というのは、ある地域やコミュニティの中で通用するお金の代わりになるもので、これを使ってお互いの助け合いを促し、人のつながりを作っていこうとするものです。「自分ができること」、例えば車で物を運んであげて、「できないこと」、例えば庭の手入れをしてもらうというわけです。この助け合いを地域通貨を通してすることで、お互いが顔見知りになっていき、地域がつながっていきます。お金としての数字に価値をおくのではなく、地域の人たちが顔を合わせ、つながるきっかけを生むシステムです。お金を稼ぐために自分の「時＝命」を差し出すのでなく、人と出会い、助け合い、感謝したり、感謝されたりしながら、生き甲斐をもって生きることを促すしくみが、ここにはあるように思います。

◆鎌倉一日無銭旅行とビーチマネー

鎌倉には「鎌倉一日無銭旅行」という日がありました。その説明には、「鎌倉一日無銭旅行の日はお金は使えません。代わりにお気持ちいただきます」とあります。当日はどんな仕掛けだったのかというと、店の前で十五分呼び込みをすると、商品のたいやきをもらえるとか、お店の窓拭きをするとハーブティーが飲めるなど。お店の人と出会って話をし、手伝うことで、感謝の気持ちと出会えたことの喜びを双方が交換する日なのです。

ビーチマネーは二〇〇六年に湘南で始まった地域通貨です。ビーチグラス、つまりガラスの破片が海の波で丸くなったものを地域通貨として使い、それを拾うことで、湘南の海岸をいつもきれいにしておこうというものです。今では日本の他県やハワイにまで広がっている地域通貨です。湘南では海岸のゴミ拾いは地域でも度々やりますし、いろいろなお店が呼びかけたりもします。ここに住む人たちは、本当に海を大切にしているのだといつも感じます。地元に無銭旅行やビーチマネーを考え出し、実践する人たちがいることを誇りにも思い、嬉しくも思います。

♥「時は命」 創り手の時への感謝の表し方

暮らしと関わるのんばーばるcomとして、前章では「空間感覚」を、この章では「時間感覚」を見てきました。現代社会で仕事をすると、モモの話の床屋さんのように、ふとした迷いから、楽しかった仕事が時は金なりになってしまい、時間泥棒にやられてしまいがちです。時は金なりではなく「時は命」と考えることで、生き方や暮らし方は変わってきます。時が経つのも忘れて仕事に没頭していた若い頃、私にとってはそれは楽しく、生き甲斐でもあったのですが、気づかぬうちに時間泥棒が忍び寄っていたように思います。湘南に来て、海、太陽、月とともに自然のリズムで生き始めると、自分が自然の中の一員だということを強く感じます。家族と過ごす豊かな時間に感謝する日々です。

現代社会では、時はお金に直結していて、それに振り回されがちです。エンデの「根源からお金を問う」という言葉は、「時は命」と考える生き方、人間らしく生きる生き方にとって、見直すべき大切な視点です。そのことに気づき始めている人々が、「地域通貨」や「一日無銭旅行」といった試みを始めています。これらは、貨幣を否定するものではなく、「お金って本来何だろう」ということを思い起こすための試みなのです。

この頃の私は創り手の顔がわかるものを買い求めることが多くなりました。例えば、太郎さんの大根を買うとき、種をまき、世話をし、育ててくれた太郎さんの時間、太郎さんの命への感謝としてお金があるように思うのです。また、湘南には一日一組限定のプライベート・レストランがあります。そのシェフも来てくれる人の顔を思い浮かべ、食材を選び、その日にしかないメニューを組み立ててくれます。そのシェフの思いや料理への時間、シェフの命への感謝としてお金を支払うのです。お金に人生を振り回されるのでなく、「自分の気持ちの分身」として応援する人たちへと回していけたらと思うこの頃です。

♠本の紹介

- 内山節（二〇一五）『時間についての十二章—哲学における時間の問題』内山節著作集（9）農山漁村文化協会
- エドワード・T・ホール（一九八三）『文化としての時間』宇波彰訳　TBSブリタニカ
- 河邑厚徳・グループ現代（二〇一一）『エンデの遺言—根源からお金を問うこと—』講談社＋α文庫
- 辻信一（二〇〇四）『スロー・イズ・ビューティフル—遅さとしての文化—』平凡社ライブラリー
- 辻信一（二〇〇六）『「ゆっくり」でいいんだよ』ちくまプリマー新書
- ミヒャエル・エンデ（一九七六）『モモ』大島かおり訳　岩波書店
- ミヒャエル・エンデ（一九九六）『エンデのメモ箱』（田村都志夫訳）岩波書店

第七章　アート・色とのんばーばるコミュニケーション

自分の身体を使って表すのんばーばるcom、そして身体を取り巻くコンテクストともいえる空間や時間をどう意識するかで、人との心の交流が豊かになっていきます。この章では、実際に相手と会うわけではありませんが、その人のメッセージや気持ちが作品として表れているアートについて考えてみましょう。アートは芸術家の作品ばかりを意味するわけではありません。暮らしの中のアートは自分が心を交わせることのできる「美しいもの」すべてです。暮らしの中に自分の美意識を取り入れることは大切です。また、自然な色、手づくりの品の伝えるぬくもり、香りなどについても考えてみたいと思います。

■アートとの「のんばーばる対話」

絵画や音楽などのアートは、のんばーばるcomそのものです。絵や音楽ばかりでなく、ここでは書や絵本など、言葉と一緒にメッセージを伝えてくるアートも取りあげます。また、シーンレスの人たちは、どうやってアートと対話するのかもみていきましょう。

◆「書」で表すパブリックアート

文字というと言語のようですが、文字の表情はのんばーばるcomです。例えば、筆で書かれた「書」はさまざまな表情を表します。書道家の武田双雲さんは、『一日一魂』の中で「書を書く時の気合いよりも、日々の生活が書ににじみ出る」と書いています。暮らしや生き方が自分から生み出されたものに表れるというのは、アート全般にいえることでしょう。

書を依頼してくる人に共感してもらえる文字を書くには、相手とのコミュニケーションが大切だといいます。『双雲流コミュニケーション術』には、映画のタイトル、商品の名前、CDの歌手の名前など、手がけた書の依頼主と自分とのやりとりがどのように作品に表れたかが書かれています。私は、地下鉄の通路にパブリックアートとして書かれた「希望」という書に惹かれました。双雲さんは、この通路を毎日歩く人の気持ちになってみたといいます。いい日もあれば、落ち込む日もあるだろう。そのとき、「希望」という字があまり元気いっぱいに迫ってきても、負担に感じるときもあるのではないか。だから、さりげなく、ふと気がつくとそこに「希望」という文字があったというような字にしたいと。実際に書かれた字は、左右に細長く伸びた線が伸びやかで美しく、やさしい気持ちが受け取れます。日々この前を歩く人たちの様々な心を温かく見守ってくれる書だと思えました。

◆手書き文字の表情

最近は、ビジネス文書はすべてＰＣの活字で打ちます。ある意味美しく読みやすいのですが、一様で事務的でもあります。こうなると、「手書き文字の表情」はその人らしさを際立たせます。手書き文字はその人の顔です。ポストを開けて見慣れた字を見つけると、とても嬉しいものです。文字が自分の顔だと考えれば、美しい字を書こうとていねいに手紙を書くようになります。万年筆か、筆か、鉛筆か、ボールペンか、どれで書くかによっても文字の表情は変わります。

授業の資料もＰＣの活字で書くことが普通になり、講演もパワーポイントが定番です。こういうスタイルに慣れてしまった聴衆には、画一的な活字が無味乾燥に見えるようです。この頃私は講演を頼まれると、提示する図や文字に色鉛筆で色を塗ったり、上手ではないのに絵を描いたりします。こういうものが入るだけで、学生たちは話を聞く気がするといってくれます。色鉛筆の色もこだわって選んでいますから、優しさやぬくもりが伝わるのでしょう。

手書き文字の表情の話をしたとき、一人の学生がこう言っていたのを思い出します。「中学校の先生は試験問題を手書きで作ってくれた。その試験問題は今でも捨てられない」と。印刷された出来合いの試験問題ではなく、自ら作り、手書きでていねいに書いてくれた先生の思いが、この生徒には確実に伝わっていたのです。

◆絵本とのんばーばるcom

絵本はのんばーばるなメディアです。絵が中心となって、そこに言葉が添えられています。絵本を子どもたちと一緒に読むとき、絵というアートは大きな力を持ちます。子どもたちの目は「絵」に吸い寄せられ、物語を読む人の「声の表情」がそこに加わります。「間」が空き、子どもたちは次に発せられる言葉が何だろうと耳をそばだてます。頁をめくるとき、次はどんな絵だろうと心がわくわくします。「色」の変化に心が踊ります。絵本の読み聞かせには、これらののんばーばるcomがなくてはならないものです。

詩人の谷川俊太郎さんは、『声の力』という本の中で、読み聞かせの声に義務感が交じると、子どもは敏感にそれに気づくだろうといいます。「声は愛撫のひとつのかたち」なのだからと。自分で字を読めるようになっても、「読んで」と絵本をもってくる子どもたちは、絵はもちろんのこと、読み手の「愛のこもった声の表情」というのんばーばるcomを心から楽しんでいるのです。

◆絵画との「のんばーばる対話」

海外に行くとよく美術館に行きました。大学の四年間にアルバイト代をこつこつ貯めて、卒業前に初めて行ったヨーロッパ旅行。パリのオランジェリー美術館にある「モネの睡蓮の部屋」はいつまでもそこに座っていたいと思うほどすばらしく、深く心に残っています。

私は、絵画を見ることは好きだけれど、深く感じることは不得手な人間だと思い込んでいました。それなのに、シカゴ大学で授業を履修した際、友人の勧めでアートの授業をとってしまったのです。アートについて自分がレポートを書けるのか、はなはだ不安ではあったのですが、実際には、そんな不安を吹き飛ばしてくれるような素晴らしい体験が待っていました。授業はシカゴ美術館で行われました。いつでも入館できるパスポートを買い求め、今日のクラスは印象派、次の日はシュールレアリズムの絵の前で集合、次の日は現代アートの部屋でというようにシカゴ美術館にある一つ一つの絵画の前で、講義あり、自分のレポートの発表ありという素晴らしい授業でした。印象に残っているのは、指定された部屋にある絵から自分の好きな絵を選び、一日その絵と一緒に居て感じたことをレポートするという課題でした。それまで同じ絵を一日中見ていたことなどありません。私のような感性がそれほど高いとも思えない人間に何かわかるのだろうかと、これまた不安がよぎります。しかし、不思議なことに、自分の好きな絵をじっと見ていると、筆のタッチや色の濃淡、描かれた絵の細部が私にいろいろ話しかけてきたのです。目の前に座ってみたり、遠くから眺めてみたり、絵のサイズも何か伝えてくるものがあります。一日同じ絵の前にいても、飽きるどころか想像力はどんどん膨らみ、私はその絵から様々なメッセージを受け取ったのです。これはとても貴重な体験でした。私は、生まれて初めて「絵とのんばーばるcom」したのです。

それからは、あまり混まない小さな美術館に行って、好きな絵の前にじっと居るようになりました。好きな時に、好きなだけ、絵の前に居られた素晴らしさが忘れられず、近くの美術館の会員にもなりました。

◆手で見る美術館

普通、美術館は絵画や彫刻を「見る」所です。どの美術館にも、「作品には手をふれないで下さい」と書いてあります。これでは、「ふれることが見ること」であるシーンレスの人たちにとっては、何も見ないで下さいと言われているのも同じであると造形作家の西村陽平さんはいいます。盲学校で美術を教えておられた西村さんは、シーンレスの人たちへの美術鑑賞の道を開きたいと願っていました。同じ思いを抱いていた児童劇作家の村上亜土さんが、さわって鑑賞できる美術館「ギャラリーTOM」を開設され、その願いはTOUCH ME ARTというコンセプトで一九八四年に実現します。初回の展覧会「ロダンから現代まで」には、ロダンの「カレーの市民の大きな手」をはじめ、マイヨール、ピカソ、ジャコメッティなど十二人の作家の作品が出品されました。西村さんは、手で見るには時間がかかるので、見る作品の数は限られるが、深く見ることができる、そして、ギャラリーTOMは「ふれるという行為の真の意味を教えてくれた」と書いています。先日、渋谷の喧騒を通り抜けた先の、静かな松濤の住宅街の一角にあるギャラリーTOMに行って来ました。外からの光が美しく射込む館内です。パンフレットに、時計やリングを外し、手を洗って作品を鑑賞しましょうと書かれてあり、一点しかない作品に手をふれることの意味にはっとすると同時に、手で見る美術館の存在価値を感じました。

■心を元気にするアートの力

芸術作品に限らず、「美しいもの」は人の心を潤し心を豊かにしてくれます。特に、心が弱っているときや落ち込んでいるとき、アートは、私たちに生きる元気を与えてくれます。

◆美しい音は人の心を救う

夫が目に異変を感じてから二年が経っていました。視力が落ちたことについての気持ちの整理もつき、それなりの暮らし方も身につけ、楽しく日々を過ごし始めていた矢先に、また異変が起きたのです。その日はピアノのレッスンの日でした。たとえ見えなくなっても、指の触覚で暗譜することができますよとおっしゃって下さる先生です。レッスンを楽しみにしていた夫は、目に不安を感じながらも一人で出かけました。彼は先生には何も伝えませんでしたが、レッスンの間、ピアノの音に救われたというのです。

夫は心底音楽が好きです。ずっと聴いてきた音楽は彼の心を豊かにし、音楽の美しさは私たちの暮らしを豊かにしてきました。自分の中に、バッハはこう弾きたい、モーツァルトのこの曲はこういうイメージというのがあるので、それを表現できるようピアノの音のタッチを一つひとつ練習していきます。ピアノの調律は、音の調和が美しく響くように、平均律ではなく、キルンベルガーという古典調律にしてもらいます。最近はピッチもぐっと下げました。そうすることによって、音色がとても落ちついた雰囲気になります。ピアノを弾くということは、聴き手もさることながら、弾き手自身が心地よい音に包まれ、心も身体もその音と響き合うことだと夫はいいます。一つひとつの音が自分の思いを伝える音として奏でられ

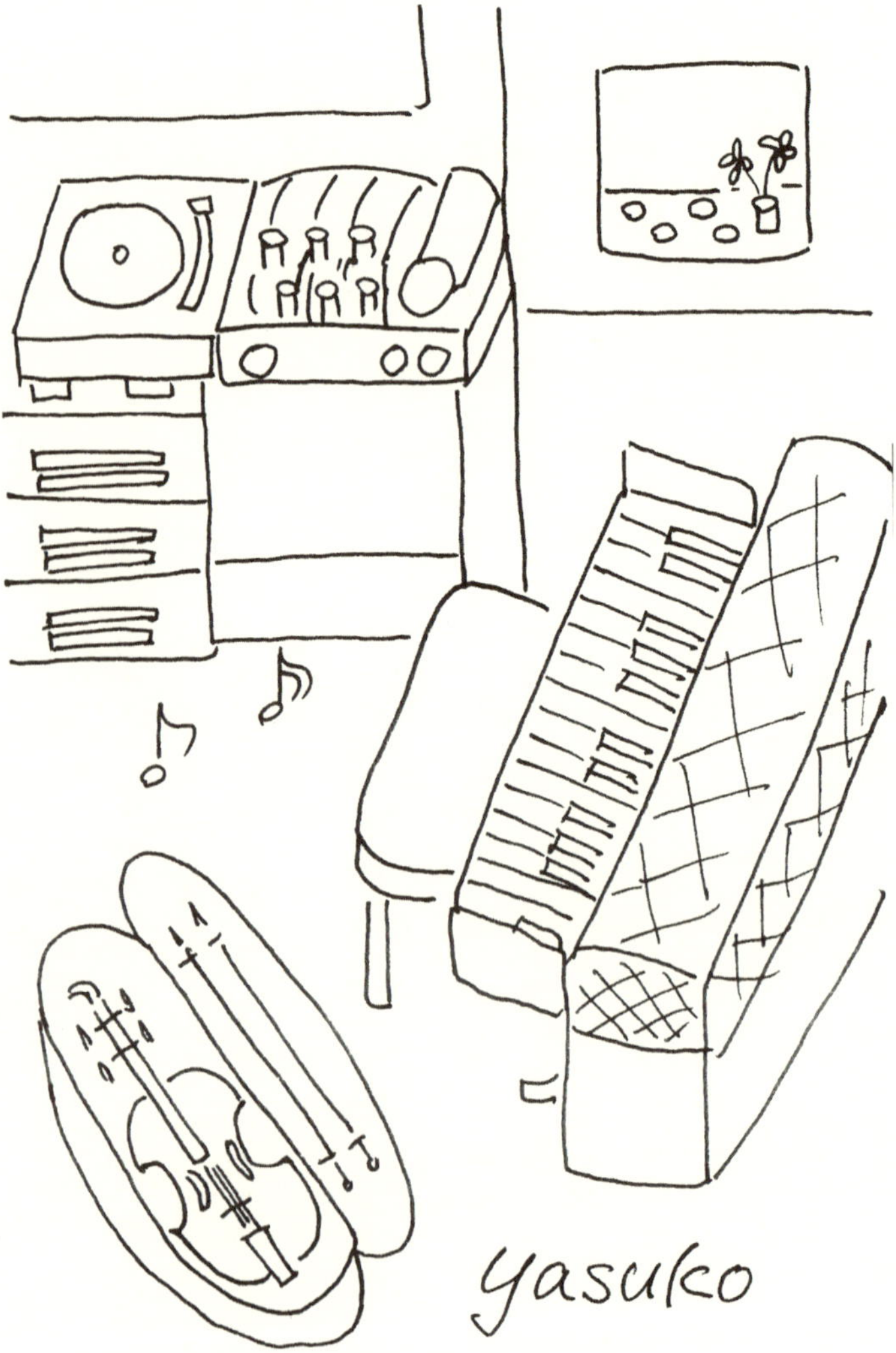
yasuko

るように、鍵盤にふれる手の動きを究めていくプロセスが練習なのでしょう。

最近、ピアノ曲をよく聴きます。同じ曲でも弾き手が違うと、曲の早さ、装飾音の入れ方、音の強弱はもちろんのこと、音色の柔らかさや、音の表情も大きく異なります。奏でる音から弾き手の優しさや精神性の高さ、緊張感や孤独感など、弾き手の個性が伝わってきます。楽譜に書かれている音符は意味をもった記号であり、言わば言語。その音符をどのように弾くのか、奏でる音の表情はのんばーばるcomなのです。

◆ホスピタルアート

夫がピアノを弾くことで救われたことに感謝していた頃、雑誌で「ホスピタルアート」の記事を読みました。ホスピタルアートとは、病院などの医療現場をアートの力で心地よい空間にしようという試みで、欧米では二十年以上前から盛んだと言います。スウェーデンでは病院を建てる際に、総工費の一％をアートにかけることが義務づけられているそうです。

この記事の中心となっているのは、森合音《あいね》さん。ホスピタルアートのディレクターをされている方です。実は彼女自身もアートに心を救われた一人でした。ある朝、突然、心臓発作のためにご主人が帰らぬ人となり、日々の暮らしの中でふいにこぼれる涙を隠すために、カメラを構えてシャッターを押すようになったといいます。写真を撮ることで自分が確かに快復していると実感するようになります。森さんは、「表現に出会うということは誰かの心に出会うこと」と言います。私も、絵や写真や彫刻などの芸術作品に惹かれるということは、のんばーばる表現を通して、創り手自身に出会うことだと思います。創り手の心と自分の心を通わせることによって、共感したり、救われたり、慰められたり、自分自身を取り戻したりできるのでしょう。

このようなアートの力をご自身で体験された森さんは、日本で初めてホスピタルアートのNPO「アーツプロジェクト」を立ち上げた森口ゆたかさんと出会います。初仕事は、香川小児病院のプロジェクトでした。依頼された病棟の壁は、子どもたちが抱えきれない気持ちをぶつけ、殴る蹴るして開けた穴の跡だらけだったといいます。森さんは、子どもたちの行き場のない気持ちを受け止めるその壁に、市のシンボルでもある樹齢千年を超える大きなクスノキを描くことにします。画家に相談してその原画を、入院している患者さん、看護師さん、美術学校の生徒やボランティアなど、みんなで木が育って行くようにゆっくり時間をかけて描いていったといいます。完成する頃には、親子が絵を追いながら歩く姿も見られ、壁の穴は全く開かなくなったのです。

雑誌に載っていたクスノキの絵は、とても明るく優しい色調です。木の葉は淡いブルーや優しいクリーム色、木肌はオレンジや黄土色、濃いめの桃色でモザイクのように描かれています。クスノキは両手をのびのびと伸ばして葉を茂らせ、枝の間には何羽もの青い鳥が飛び回っています。こんなに優しい絵が壁いっぱいに描かれていたら、子どもたちの気持ちも和らぐだろうと思いました。森口さんが率いる「アーツプロジェクト」は関西を中心にいくつもの病院を手がけておられます。アートが病院にいる人々の心を明るくし、希望を与え、優しく見守る支えになっていることに感動します。

■自由な色使いと自然な色の美しさ

色というのは不思議な力をもっています。自分の好きな色やきれいな色を見ていると、心が喜びます。身につけるアクセサリーの色、服の色、バッグや小物の色など、日々自分の暮らしを彩る色たちから、私たちはたくさんのエネルギーをもらっています。

◆色があることの意味

色彩学校や子どものアトリエを主幹しておられる末永蒼生《たみお》さんは、『色彩心理の世界』という本の中で、この世に色がある意味についてこう語っておられます。「暮らしの中の色との付き合い、時には趣味的に見える振る舞いそのものが、人間にとっては色を通して必要なエネルギーを選択的に吸収する生命の本能的行為だったのではないだろうか。…動物、植物、そして、自然環境すべてに色があるということは、地球のすべてのものが太陽の光を自らの性質に合わせて吸収し、循環させて生きているということに他ならない。そう思って、一歩外に出てみると、目に入ってくるすべての色彩が生き生きと呼吸しているように感じ取られるのである」。私はここを読んで、自分が感覚的に「色からエネルギーをもらっている」と感じていたことは、本当だったのだと思い、好きな色を身につけたり、そばに置いたりすることは、生きていく上で大切なことなのだと確信したのです。

◆自由な色使いの大切さ

末永さんは、制服のように、自分の好みに合わない色を身につけたり、趣味の違うインテリアの中にいるとイライラすることがあるといいます。男の子は青、女の子は赤といった集団における色の記号化は、自由に色を使いこなす能力を育てるという点からすると問題であると指摘されます。制服は「もっとも色彩感覚が育つ時期に、いわば目隠しをされているようなもの」だといいます。自由に自分の好きな色を楽しむことは、伸び伸び生きることにつながり、その自由は奪われてはならないものなのだと感じました。

末永さんは、学校の教科である図工や美術でなぜ創造の芽がつまれるのかということについてこういわれます。「絵を描く時には、心がどう感じているかではなくて、見た目にどう見えるかで描くという習慣にならされ…『心のないカメラ』にさせられてしまう」と。末永さんは「心の奥に燃えるような感情を感じていれば、空や海を真っ赤に描きたくなっても不思議はない」と言います。そして、この自分の心の中の感情を色で表すことで、震災などの恐怖や悲しみの体験も、心の底に沈ませずに外に吐き出すことができるというのです。その時々に自分の心に浮かんだ色を自由に使う、ただそれだけで心が元気になるとすれば、色のもつ力は本当に素晴らしいの一言に尽きます。

◆自然な色は色の集まり

若い頃から、ずっと色に元気づけられてきた私ですが、湘南にきて自然に近い暮らしを始めてから、色の中にも人工的な色と、自然な色があることに気づくようになりました。色合わせを考えながら、人に花束を贈るのは素敵なことですが、気になるのは、花の色自体が不自然に感じたり、茎とのバランスから考えると花が大きすぎたりと、花自体が人工的に変えられているように感じることです。道端に咲いている、「雑草」と一括りにしていわれる小さな花たちは、売り買いで注目されていないためか、むしろ、本来の花の美しさを保っているような気がします。

我が家の庭に、在来種のコスモスの種を蒔きました。そのコスモスの花びらの色は、多様なピンクの濃淡があってとても美しい色合いでした。しかし、街の花屋さんで売られているコスモスの花びらの色は、この多様な濃淡がなく、同じ絵の具で塗りつぶしたように同一色なのです。実際に見てみるとよくわかりますが、多様な濃淡のグラデーションが集まった美しさは、同じ色の集まりとは比べものにならないほど美しいのです。人の世も、同じ色で塗りつぶさず、多様な色の個性の集まりが生み出すグラデーションを生かせたら素晴らしいのにと思わずにはいられません。

◆草木染め

布好きな私は、いろいろな布を見に行きますが、この頃は草木染めのやさしい色合いに惹かれます。この間、葉山で出会ったリネンの草木染めの布は、茜のやさしいピンク色とよもぎのちょっと抑えた黄色でした。娘も時折、オーガニックコットンやリネンの布を染めます。玉ねぎの皮で染めると薄い黄色に、びわの葉で煮出すと淡いピンク色に染まります。自分で染めた布でストールを作り、刺繍をして、大切に身につけています。

京都の大原に住むベニシア・スタンリー・スミスさんは「身近な自然からもらう色」と題し、草木染めと織りの工房を訪ねたときのことを本に書いています。畑で藍の葉を摘み、白いブラウスを藍染めにしたとき、染めはマジックだと思ったそうです。藍色は美しいブルーです。ベニシアさんの庭にあるハーブも、キンセンカは黄色、パセリは緑色、ホップは茶色、アロエは薄紫色に染まるといいます。この工房の主は、化学染料は決まった色にしか染まらないのに比べ、草木染めの魅力は、さまざまな自然素材を使うことで偶然に素晴らしい色に出会えることだといいます。ベニシアさんは「染色のマジック。どの草花も、それぞれ特別な力を与えられている」と結んでいます。

◆布も命・色も命

着物の本を読んでいて、万葉草木染めをされている染織家の村上道太郎さんの本に出会いました。村上さんの『着物・染と織の文化』のあとがきは次のように始まります。「二十世紀は石油文明の時代でした。それは、糸と布を生み出し、またたく間に、地球を包んでしまいました。染料もプリントインクも石油。巨大な機械から休むことなく流れだしてくる化学繊維は、まことにカラフルな衣装となって世界のすみずみまで塗りつぶしてしまったのです」と。しかし、化学繊維には、地球の土にも水にも還らないという致命的な欠陥があったと指摘します。一方で、日本の着物の形は生殖器を守ることから出発し、日本の気候と風土の中で動きやすい合わせ襟の民族衣装を作りだし、それに使われた素材である絹、木綿、麻は「命の布」であったといいます。

また、自らの実践と経験の中で悟ってきたこととして「色も命」であり、現代の色は化学が生み出した「命を骨抜きにした色」だといいます。お坊さんの黄色い僧衣を染めるウコンや茜の赤には殺菌作用があり、農夫の藍染めの服や脚絆の藍染めには防虫効果があるそうです。染めは色を楽しむだけでなく、命を守るために生じたのだと考えると、草木染めの布は自分の身体を守ってくれているんだと、草木に感謝する気持ちが湧いてきます。

■手仕事に込められる祈り

この頃、大量生産されたものに、魅力を感じなくなりました。価格が抑えられていることは有り難いのですが、何故か心が温まりません。個性ある手づくりの一点ものは、出会えればとても幸せです。手づくりの品はその創り手との出会いですから、その人の感性や色使い、布使いに共感すれば、応援したい自分の気持ちや、感謝の気持ちをお金に託すのです。染織家の村上さんは、こういっておられます。「手こそ文化の母でした。かつて、命の生存と豊作を願って、草木から糸と布を発明した私たちの祖先は、布も色も命として尊敬してきました。その文化は手から生み出されたことを無視してはなりません」と。機械ではなく、手で作ることは、やはり意味があるのです。そこに、縫い手や編み手のぬくもりや命、そして祈りや想いが吹き込まれ、のんばーばるcomで伝わるからではないでしょうか。

◆ニットカフェ

ニットカフェという言葉を聞いたことがあるでしょうか？　お茶を飲みながら、おしゃべりしながら、編み物をするカフェという所でしょうか。その場で、ちょっとしたものを編めるキットが置いてあったり、教室が開かれていたり、編みかけのものを編んだり、わからない所は聞いたりできる場所です。

このニットカフェは、二〇〇一年の九月一一日に起こったアメリカ同時多発テロ以降、ニューヨークの人々がつながりを求めてカフェに集まり、ニットを編んだことが始まりだそうです。そこには、手作りでやさしさとぬくもりを伝え、平和を祈る人々の姿があったのでしょう。日本でもニットカフェを見かけるようになり、私も行ってみました。鎌倉の古民家で、編み物をしながらお茶をいただき、出会った人たちとおしゃべりに花を咲かせて、ゆったりとした時間を過ごしました。編むことが好きな人たちと緩やかにつながり、手仕事の温かさや大切さを思い返すことのできる場、それがニットカフェなのだと思います。

◆マルティナカラーの毛糸

一目一目編むと、心が落ちつきを取り戻します。二〇一一年の東日本大震災があった日、友人は、地震の最中に編み物をして心を落ち着けていたといいます。ドイツ生まれの梅村マルティナさんは、東日本大震災で避難している人々の所に、自分なら何が必要だろうかと考え、毛糸と編み針を送りました。水や食料の方が必要ではとの意見もあったといいます。しかし、しばらくして気仙沼の避難所からもっと送って欲しいと言われ、編み物が人々の「心を救う」ことに確信をもったといいます。避難所の人たちは、重苦しい空気の中、編み物を通じて会話が生まれ、救われたというのです。マルティナさんは、気仙沼を度々訪ね、自分が愛用しているドイツの毛糸の会社と契約して、「気仙沼シリーズ」や「家族の笑顔シリーズ」など、編むと素敵な色合いや柄が出てくる毛糸をマルティナカラーとしてプロデュースしました。そして、気仙沼の人たちに働く場をとアトリエまで作り、復興の手助けをされています。

雑誌でこの話を知って感動し、私もマルティナカラーの毛糸を見に行きました。毛糸を買い求めることで、わずかでも被災地の人々を、またマルティナさんを応援したいと思ったからです。私は「おばあちゃんの笑顔」と題された毛糸の色合いが気に入り、それでハンドウォーマーを編みました。気仙沼の人たちのことを考えながら、マルティナさんの温かい気持ちを応援しながら。マルティナさんの毛糸は、その色合わせに気仙沼への思いが表れています。その毛糸で編む私の手元にも、その想いが伝わってきて、これものんばーばるcomだなと思うのです。

■暮らしを彩るアート・色・香り

住む家や自分の部屋に「美しいもの」を置くことによって、日々の暮らしが豊かになります。暮らしとアートの話をしたとき、地方から来て一人暮らしをしている学生が、自分の部屋が「モノクロ化」していることに気づいたと言いました。そう気づいたら、好きな色を取り入れて部屋を彩ってみましょう。

◆美しいアートと暮らす

好きな絵や写真、花瓶や小物など自分が心を通わせられるアートを身近に置くと、心が落ち着きます。私は、好きなものはずっと机の上に置いておく方ですが、娘は、その時々に自分とのんばーばるcomできるものを選びます。最近は自分で創ったものを置くようになりました。セレクトすることで、一つひとつに息を吹き込み、好きなものに囲まれる暮らしは心地よいものです。彼女は、置いてある物はいつもていねいに掃除し、その物が気持ちよくいられるように気にかけています。たくさんあると世話が行き届かないといいます。

模様替えをすると、部屋の中の空気感が一変します。最近、書斎の模様替えをしました。中央にある木の丸テーブルの上に、イギリスで買ったティーマットを敷き、ロイヤルブルーのティーセットを置いたのです。そうしたら、美しいブルーが部屋の中央のアクセントになり、部屋全体の雰囲気がはっとするほど変わりました。時々絵も描く夫は、イーゼルを部屋に立てかけ、描きかけの絵を置いています。書斎に美しいものを置いたことで、日々の執筆

yasuko

の仕事が気持ちよくできるようになりました。

◆テーブルクロスが伝える気持ち

布の力も素晴らしいと感じます。カーテンやベッドカバーを変えると、布のもつ「色と素材の力」で部屋の雰囲気が一変します。食卓の上のテーブルクロスやテーブルマットも、たった一枚の布なのに、食卓を温かく、楽しいものに変えてくれます

私がテーブルクロスの力を強く感じたのは、毎年夏にやっていた集中授業のときでした。四日間の日程の最後のお昼、学生たちが一緒にランチをしましょうと言ってくれました。私はいつも娘が心を込めて作ってくれるわっぱのお弁当なので、皆もそれぞれお昼を持ってきてということになりました。当日、教室の机を中央に集めて大きなテーブルにしました。そのとき、一人の学生が大きな布を取りだし、パッと机の上にかけたのです。あっという間に雰囲気が変わりました。教室が教室でなくなったのです。この日のランチのためにテーブルクロスを用意してきてくれたこの学生の心遣いや優しい気持ちを感じ、その日のランチの光景は私の心の中にずっと残っています。たった一枚の布、しかし、その布のもつ力はこんなにも大きいのかと感動した一瞬でした。言うまでもなく、その日のランチは心温まる時間と

なり、学生たちと心を通わせる話ができたのです。

◆香りとのんばーばるcom

湘南に越してから、拭き掃除をするときに、エッセンシャルオイルを使うようになりました。ティートリーとペパーミントがお気に入りです。いい香りで、お掃除をするのが楽しくなります。美容院で洗髪してもらうときにも、好きな香りのエッセンシャルオイルの入ったもので洗ってもらうと、呼吸が深くなるのを感じます。その匂いを嗅ぐと身体が自然に深呼吸し、喜ぶのです。

散歩に出かけたときも、花の香りがしてくると嬉しくなり、咲いている花に鼻を近づけてみます。日本水仙や沈丁花はとてもいい匂いで、うっとりします。関西のハーブ園の樹木医の人が子どもたちと「香りの遠足」をすると書いてありました。きっと、いろいろな花の匂いを嗅ぎながら歩くのでしょう。花との楽しいのんばーばるcomですね。

一方で、人工的な臭いは苦手です。洗濯の柔軟剤などの人工的な臭いが風にのってくると、ちょっと辛いこともあります。満員電車の中の化粧品の臭いや本の印刷の化学臭も苦手です。五感で感じることは大切ですが、五感で感じるものが本物でないと、身体は喜びません。色も音も匂いも、本物を見分けられる、聴き分けられる、嗅ぎ分けられる、人間本来の五感を取り戻すことが必要な時代になってきたように思います。

♥アートも色も「生きる元気」をくれる！

この章では、アートや色とののんばーばるcomについて考えてきました。絵画や音楽は、画家、作曲家、演奏家などとの、作品を通したのんばーばるcomです。アートは人の心を救います。パブリックアートやホスピタルアートは、通りがかりの人や、病院にいる患者さんや家族の気持ちを少しでも明るくしたいとの想いが込められています。

布は命、色は命。命を守るために織られた絹や綿や麻の布は肌にやさしく、風通しも手ざわりも良く、身につけていると身体が喜びます。草木染めも草木の薬効を考えて、人の命を守るために染められてきました。自然な色は色の集まりです。その一つ一つ違う色合いの中に、本物の美しさがあり、自然の与えてくれる優しさがあり、その色とののんばーばるcomで心が潤うのです。手作りの物は、創り手の優しさや温かい想いをのんばーばるcomで伝えます。ニットカフェも、手編みに込められた「平和への祈り」を伝えます。三・一一の被害に見舞われた気仙沼でも、マルティナさんの想いが毛糸の色使いに表れ、編む人に伝わります。

お気に入りのアートと暮らすことは、日々の暮らしを豊かにしてくれます。それが、絵であれ、写真であれ、音楽であれ、織物であれ、好きなものと心を通わせることで、元気をもらえるのです。アートとのんばーばるcomを交わすのは五感です。五感を開いてアートや色、手作りの物たちとのんばーばるcomを交わせたら、きっと心も身体も喜び、日々の暮らしが穏やかで豊かなものになるでしょう。辛いとき、心が塞いでしまったときも、空を仰ぐ力をくれるでしょう。人間にとって、アートや自然な色や手作りのぬくもりとのやりとりは、とても大切なのんばーばるcomなのです。

♠本の紹介

・河合隼雄・阪田寛夫・谷川俊太郎・池田直樹（二〇〇二）『声の力─歌・語り・子ども─』岩波書店
・末永蒼生（一九九八）『色彩心理の世界　心を元気にする色のはなし』ＰＨＰ研究所
・武田双雲（二〇一〇）『双雲流コミュニケーション術』毎日新聞社
・武田双雲（二〇一〇）『一日一魂　双雲流　魂を揺さぶる言霊メッセージ』清流出版
・西村陽平（一九九五）『手で見るかたち』白水社
・ベニシア・スタンリー・スミス（二〇〇九）『ベニシアの京都里山日記』世界文化社
・村上道太郎（一九八六）『着物・染と織の文化』新潮選書
・「快復を祈るホスピタルアート。病院が、変わった。」『クウネル』二〇一三年九月号
・「梅村マルティナさん　絆を紡ぐ、虹色の毛糸」『天然生活』二〇一三年二月号

第八章　自然とののんばーばるコミュニケーション

人が生きるには、飲み水を必要とし、息をするのにきれいな空気を必要とし、大地の上で太陽の光と雨水によって育つ穀物や野菜を必要とします。それらは全て、自然の恵みです。自然の恵みがなければ生きられないにも関わらず、現代の生活では、それらはお店で売られているモノであり、自然とつながっていないかのような錯覚を覚えます。

現代のように技術が発達した世の中では、様々なことが便利になり、ある意味、暮らしやすくなったともいえます。しかし、一方で、ヴァーチャルな世界に入り込む人も多く、自然とのつながりをすっかり忘れてしまったかのようです。疲れたとき、落ち込んだとき、自分の足が地についていないような不安感におそわれるなら、それは自然とののんばーばるcomが足りないのではないでしょうか。

疲れ切った都会の生活の中で元気を取り戻すには、自然にふれて、閉じてしまった五感を開く所から始める必要があります。まず、五感で自然を感じる場面を想像してみて下さい。山、海、野原、庭ではどんな自然とののんばーばるcomがあるでしょう。太陽や月や星のような天体と私たちはどんなつながりがあるでしょう。現代社会では切れ切れになって見えなくなりがちな自然とのつながりを、根っこまで辿って確認することは、大切な作業です。自然とのつながりを思い出すと、自分が自然の中で守られて生きていることに気づき、私たちの心は落ち着きを取り戻すのです。

■自然の懐《ふところ》に抱かれる心地よさ

海の近くに越してから、日常の中で自然を感じることが多くなりました。毎日、川沿いを散歩するだけで、いろいろな自然とのんばーばるcomを交わすことができます。近くを流れる川は川幅も広く、いつも悠々と流れています。春になると、魚が川のあちこちで飛び跳ねます。川の中をのぞき込むと、たくさんの魚が泳いでいるのが見えます。春が来て喜んでいる気持ちが伝わってくるようです。「みんな、元気で生きている」その姿を感じることで、自分も元気になります。

その川は海につながっているので、鳥の種類も多彩です。黒くて痩せたウミウは、海の方を向いていつもずらっと並んでいます。季節によっては、かわいいユリカモメが、一列に並ぶこともあります。川の河口近くには、ウミネコの群れがいます。首が太くてちょっと獰猛《どうもう》そうです。トンビはピーヒョロロといい声で鳴きながら、大きな翼を広げて上空を飛んでいます。トンビがいるので、カラスは都会のように大きな顔をしてはいられません。いつも二羽一緒になって、一羽のトンビに挑んでいますが、トンビは軽くあしらっています。小さな池には、サギもきます。ピピッと鋭い声がすると、ブルーの美しいカワセミが、目の前に留まっていたりします。家の裏のびわの木には、メジロがたくさん飛んできます。春になると、ウグイスの美しい声があちこちから聞こえてきます。この他にも、名前を知らない鳥がたくさんいます。いつもほんとうに楽しそうに、いい声で鳴きながら、悠々と大空を飛んでいます。その姿を見ると、心がのびのびして、「自由」という感覚がよみがえります。

◆山歩きは山とののんばーばるcom

先日、葉山にある小高い山にハイキングに行きました。登山口まで、小川の中に遊歩道が設けられています。さらさらさら、川の水のせせらぎを聞きながら、飛び石の上を一歩一歩歩いていきます。せせらぎの音は心地よい音を立てていて、思わずしゃがんで聴き入ります。日本庭園には水の流れる音が取り入れられている所がありますが、こういう音は日本人の心に響くのでしょう。流れは時々、ザーッと激しくなり、小さな滝になって流れ落ちます。そうかと思うと流れがまどろんで緩やかに流れます。ずっと同じ速さで流れるのではなく、流れに揺らぎがあることが人生のようだ、と感じながら歩を進めます。水は透き通るようにきれいで、川底が見えます。カモが三羽、泳いでいます。時折、水の中にくちばしを入れて、エサをつついています。

登山口に着いて登り始めます。今度は風の音が耳に心地よく聞こえてきます。風が葉を揺らすサラサラサラという音、川の流れと同じように、時々強く、ザワザワザワと枝を揺らします。ウグイスの美しい鳴き声があちこちでします。何羽いるのでしょうか。なかなか姿を見せませんが、会話をしているかのように、登っている間中ずっと美しい声がします。ゲタゲタゲタと大きな鳴き声がしたかと思うと、目の前をリスが二匹走り去ります。道はずっと上り坂。足元を見ると、春だというのに、まだ赤や黄色の美しい紅葉の葉が落ちています。あまりの美しさに思わず、拾い上げます。ほどなく頂上近くの原っぱに着き、桜の木の下でお弁当を広げます。大空の下のお弁当の味は格別です。

時折、私たち家族は、こうやって山とのんばーばるcomをしにやって来ます。川のせせらぎ、風が木の葉を揺らす音、鳥の鳴き声、これらは自然の奏でる音楽です。新緑の緑、足元に落ちていた紅葉の葉の赤や黄、木漏れ日の柔らかい光、それらは美しい自然のキャンバスに描かれた絵画のようです。木々の匂い、花の匂いのする山の空気を胸いっぱい吸い込み、五感を通じて山の自然を感じると、またたくさんの元気をもらえるのです。

◆山ガール

今回の山歩きで出会ったのは、若い頃からずっと登っているという八十歳の女性など、年配の女性グループが多かったのですが、ファッショナブルな山スタイルの服装に身を包んだ若い女性の二人組にも会いました。若い女性たちが山にくるようになり「山ガール」という言葉が生まれるのに一役かったのが、イラストレーターの鈴木みきさんです。『鈴木みきの山の足あと』の序文に、彼女の山との出会いが書かれています。二十六歳の時に、山に行きたいと突然決意。しかし、登山の知識も山友もお金もなく、取り敢えずスキー場で働くことにします。山に来てみるとますます山が好きになり、春に雪が融けると仕方なく東京でのアルバイトに戻るのですが、山に行きたい気持ちはどんどん募ります。そのとき、山岳関係の雑誌社の取材同行モデルの募集記事を見つけてすぐに応募。その後は度々取材に同行し、経験者と一緒に山登りをするようになったのです。

今は、山の麓に引越し、山を目の前にする暮らしをされています。私の視点から見ると、鈴木さんは山とのんばーばるcom をしたかったのだと思います。山に最初に出会ったのはカナダ、二十四歳のときだといいます。山の景色、空気、匂い、音、すべてが鈴木さんを魅了したのでしょう。

◆海とのんばーばるcom

我が家の近くの海は、海岸線がとても広く、右手に富士山、正面に大島、左手に江ノ島が見えます。海岸線に添ってコンクリートの段々や木のデッキが設けられています。ここには、一人であるいはカップルで腰掛け、目の前の大きな海を眺めている人たちがいつもいます。缶ビールを片手に本を読んでいる人、大の字になって寝転がっている人、海をじっと眺めている人。みな、実にのんびりと海の懐に抱かれながら、太陽の下にいることを満喫しています。海を見ていると、あきることはありません。いつまででも座っていたくなるのです。

海の中には、いい波がくるのを待っているサーファーたちがたくさんいます。砂の上をのびのび走り回る犬と戯れている人、波打ち際ではだしになって海水の感触を楽しんでいる人、どろんこになりながら砂で遊んでいる子どもたち。そういう光景を眺めながら、寄せては返す波の音を聞いていると、地球がゆっくり「呼吸」をしているような気がします。大きな地球に守られている自分を感じ、ほっとするのです。

◆野原で大空とのんばーばるcom

私は野原も大好きです。川沿いに親水公園があります。サイクリングして、初めてそこを訪れたとき、川の土手の傾斜面に咲く無数の菜の花を目にして、心から感動しました。昔はどこもそうだったのかもしれませんが、コンクリートで塗り固められている土手しか知らない私には、絵本の中で見た光景のようで、とても懐かしい温かみを感じたのです。

その土手の草の上に寝転ぶと、目の前には大きな空が広がります。目を閉じると虫の羽音が聞こえ、さわやかな風が頬をなでていきます。そうして大空を眺めていると、心の扉も開きます。日常の中で気になったり、イライラしたり、くよくよ悩んでいる様々なことが、呼吸をするたびに、開いた心の扉から大空へ飛び去って行き、心の中がすっきりします。悩みや不安は自分の心の中でだんだん大きくなり、抱えきれなくなることもあるでしょう。そんなとき、草原に寝転がって背中に土の柔らかさを感じ、草の匂いをかぎ、おひさまの温もりを受け、広い大空を仰いで、そよぐ風に優しく吹かれると、その悩みはちっぽけなものだと感じられるようになり、ぬぐい去られるのです。自分でもそうして生きてきましたから、学生たちから悩みや辛さ、苦しさを訴える手紙をもらうと、「大空を見上げてごらん」と返事をします。野原での自然とののんばーばるcomは、私たちの心を開放し、大空は心のもや

yasuko

もやを吸い取ってくれるのです。

◆庭とのんばーばるcom

友人が湘南でスローライフを始めた私に、一冊の本をくれました。それが、ターシャ・テューダーとの最初の出会いです。ターシャは、アメリカの絵本画家で、広大な庭を自ら世話して自然な暮らしを続けたアーティストです。本の中にあるターシャの庭はそれはそれは美しく、どの季節も花が咲き乱れています。庭を見ながらその片隅で絵筆を取るターシャ、やはりアーティストは自然の中で暮らすのだと思うのです。

イギリスも個人のお宅の庭が美しいことで知られています。イングリッシュ・ガーデンの本もたくさん出ています。ヨークにいたとき、プライベートガーデンの開放日というのがあったので、行ってみました。ていねいに手入れされた庭は、広い芝生を中心にさまざまな美しい色の花が咲き、オーナーの庭への愛情が感じられました。この愛情に応えて花は美しく咲くのです。その日は誰でも訪問でき、手づくりのクッキーやお茶も用意されていました。広い庭園の美しさを眺めながら、お茶をいただいたのを懐かしく思い出します。

フラワーアレンジメントをイギリスで学んだ前田まゆみさんは、学んだ学校の広大な庭に魅せられ、帰国後園芸一直線。自分の庭を大切にしながら、草花をテーマとしたイラストや文章を書く仕事をしておられます。彼女の『リトルガーデンのしあわせ』という本には、「庭の世話ができるような落ちついた気持ちでいるかどうかが、自分を測るものさしになっている」と書かれています。前田さんは、「とても落ち込んでしまう時も、庭が気持ちを中和してくれる。みずみずしい草花や鳥や虫を眺めていると、その美しさに照らされて、それまで落ち込んでいたのとは全く違う気分の光が、雨戸を開けたみたいに射し込んでくるのだ」と言います。草花、鳥、虫、これらもみな、自然の美しさです。その自然とのんばーばるcomして、美しさを感じる心が戻ってくると、光が射し込んでくるのでしょう。「美しいもの、みにくいもの、そういうものが混沌としている世界にポジティブな光をあてることのできる心の働き」——それを取り戻してくれるのが庭だと言います。

◆命のめぐる庭

我が家の庭を創ってくれた曳地義治さんとトシさんは、オーガニックな庭づくりを提唱しています。オーガニックとは有機的なつながりがあることで、生き物同士のつながりを生かし合う庭づくりだと言います。著書の『オーガニック・ガーデン・ブック』には、「命のめ

yasuko

ぐる庭」という言葉が出てきます。春になってカラスノエンドウが花をつけると、たくさんのアブラムシがやってきますが、このアブラムシを食べるテントウ虫の幼虫もいるのです。そうやって命は巡っていくのだから、アブラムシに薬をまいて退治しなくていいのだと教わりました。庭は小宇宙。庭の草木や虫を見ていると、様々な自然のしくみが見えてきます。

たとえ、自分の庭はなくても、鉢植えで野菜を育てることはできます。また、いつも散歩で出会うおじさんは、朝から自転車で池に来て、水の様子や鳥たちの様子を観察し、江ノ島に行って草取りをし、川沿いの公園の手入れをしと、この辺一帯があたかも自分の庭であるかのように、大切に楽しそうに世話をしています。おじさんから、ヘビが大きな獲物を飲み込んで、苦しくて動けなくなっているなどという話を聞くと、この地域一帯も、「命のめぐる庭」なんだと実感します。

◆月を意識する暮らしのリズム

太陽との関わりは、毎日天気予報を気にしている人々にとっては、常に意識の中にありそうです。しかし、月となると、夜中まで会社で働く人々にとっては関心外かもしれません。江ノ島に花火を見に行った夜、海を照らす満月はとても明るく、子どもの頃、お団子とすすきを供えてお月見をしたことを思い出しました。

女性は自分の身体が月の影響を受けていることを知っています。赤ちゃんが生まれるときにも、月の満ち欠けは影響します。海の潮の満ち引きは月の引力で起こります。植物の成長にも影響するので、種まきは新月のときにするといいようです。現代の都会で暮らす人たちは、このようなつながりを感じにくくなっているかもしれませんが、昔の人は月とのつながりを感じながら日々を過ごしていたのでしょう。

日々の暮らしの中で月を身近に感じていたら、『新月&満月のリズムで夢をかなえる』という本に出会いました。毎月、新月が出たら、心を鎮めて自分の夢や願い事をしたためます。半年後、同じ星座の満月の時に、書いた願い事を再確認したり微調整するのです。願い事といっても、これは自分をみつめる機会です。自分の夢をみつめる時間を新月の時にもち、いきなり大きな目標を掲げるのではなく、具体的に実現可能なスモールステップを書いて、それを実行に移して行くのです。満月の時に、その夢に向かう一歩が踏み出せているか、変化がなければ、願い事に無理がないか、今の自分をもう一度振り返るのです。

著者の岡田翔子さんは、イギリスで占星術を学んだ方です。現代の私たちは、日々の仕事を太陽暦に従って進めていますが、その暮らしに追われていると、自分の中に時々湧いてくる、本来の自分の気持ちや夢が忘れ去られてしまうといいます。そこで、月の周期に根ざした別のサイクルを意識することで、自分の心の奥にある気持ちや夢を思い出し、自分と向き合うことの大切さを問いかけているのです。岡田さんの趣味は月光浴とアラビア語で書かれた料理本を翻訳することだそうです。海外旅行に行くときには、新月・満月を意識して、月を見に行く旅をするといいます。とても素敵です。私も双子座の新月から、早速願い事を書き始めました。まだまだ未来のある自分をみつめるために。

◆星とのんばーばるcom

我が家からは星もよく見えます。仕事場にしている離れから母屋に帰るわずかな距離を歩くとき、星は月とともに美しく輝いています。冬ならオリオン座、春は北斗七星、夏は蠍《さそり》座、秋はWのカシオペア座と、わかりやすいものしか見つけられませんが、夜空の星を見上げながら宇宙に思いを馳せるひとときです。『ヴィジュアル版　星座への招待』のはじめに、著者の村山定男さんと藤井旭さんはこのように書いています。「星々の名を知り、星空に親しむものには、星空を見上げるものだけが味わえる独特のよろこびがあり、楽しさがある」と。また、「夜ふけになにげなく窓をあけて、半年ぶりに（星座に）再会したときなど、思わず『ヤア』と手をあげたいような気持ちになるものだ」とも。私も、また会えたねと手をあげられるほどに、星の存在を理解できるようになりたいと思い始めたこの頃です。

■自然とのんばーばるコミュニケーションすることの意味

自然とのつながりは、なぜ人にとって大切なのでしょう。元気なときは華やかな都会生活の魅力に惹かれますが、疲れたり心が弱くなったりしたときは、自分がどことつながっているのかわからなくなって、不安になります。この不安感について、フードプロデューサーの南清貴さんはこのように説明します。人類は今、文明的な環境に生活しているが、人間の体は億年単位に及ぶ生命進化の過程で、周囲の野生環境に適応するように作られてきた。だから、設備の整った鉄筋コンクリートのマンションは、頭では快適だと理解しているけれど、本能は理解不能な人工物に囲まれて絶え間ない不安を感じているのだと。南さんは、人が健康情報に振り回される心理の説明として以上のようなことを書かれているわけですが、都会の人工物にあふれた「かっこいい」と思われがちな環境の中で、人が不安を感じるのはなぜかということに対して、うなずける説明だと思います。

南さんの説によれば、人間の本能はこのおかしな環境から逃げ出して、心安らぐ自然に戻りたがっているわけです。それだから、海、山、川、大空などの広大な自然の中にいると、その一部である自分を思い出してほっとするのでしょう。散歩、山歩き、海を眺める、原っぱに寝転がる、大空を眺める、日の出、夕焼け、月や星を見るということは、自然の中に暮らしていることを実感することに他なりません。自然とのつながりを感じることで、自分が地球に根を下ろして生きており、宇宙ともつながっていることを確認して安心するのです。

◆食べものと自然とのつながりを思い出す

自然とのつながりを思い出すには、自然の中に行く以外に、もう一つあります。お店で食べものを買ってくるだけでなく、一部だけでも自分で作ってみて、食べものと自然とのつながりを探り、実感することです。我が家も、野菜作り、味噌の仕込み、梅干し作り、酵母を起こしてパンを焼くことなどを実際にやってみることで、自然とのつながりを大分取り戻せた感じがします。

野菜作りは、種を蒔いて育てることで、八百屋さんの店頭で売っている野菜はこうやって育つのかと納得がいきます。我が家では、庭に、インゲン、枝豆、ズッキーニ、大根、カブ、小松菜、ジャガイモ、人参、ルッコラなどの種を蒔き、野菜の一生を見つめます。野菜の花の可憐さに心惹かれ、受粉をしてくれる虫たちに感謝します。ルッコラも大根も、春先になると茎がすっと伸びてきて、その先に花をつけますが、こうして種を残すんだと感動します。自分の育てた野菜たちを収穫してそれだけで日々の料理ができるようになるにはまだまだですが、一部だけでも、野菜たちの持続している循環の中に自分たちも加わっているようなつながりを感じます。

冬には味噌を仕込みます。大豆を煮てつぶし、塩と麹菌を混ぜてお団子に丸め、上から空気が入らないように、ピシャと容器めがけて力強く投げ込みます。これを一年以上置いておくと、何とも言えないほど美味しい味噌が出来上がります。味噌を味わうとき、発酵菌が働いてくれて、大豆がこんなに滑らかに美味しくなるんだと、実際にやることで実感できます。

パンの酵母は、干しブドウ、みかんやびわの皮、全粒粉などで起こします。適量をビンに入れて水を加え、毎日、心の中で「元気?」と声をかけながらかき混ぜます。数日すると、周りに小さな泡ができてきて、酵母が起きてきます。ちょうど良い時期を見計らって、地粉と自然海塩を加えて練り、パンを焼きます。自家製酵母と地粉、自然海塩だけでパンはおいしく焼けます。その他には何も必要としません。

◆種蒔きから始まるターシャのシャツ作り

庭の手入れを楽しみながら暮らしたターシャ・テューダーは、何でも一から手作りした人です。『暖炉の火のそばで』はターシャの手作りの世界を紹介した本ですが、その中のリネンのシャツ作りは、フラックスの種を蒔く所から始まっています。フラックスは我が家の庭にも蒔きますが、小さくて可憐な青い花が長い茎の先につきます。このフラックスの茎を水で柔らかくし、叩いたりくしけずるようにして繊維を取ります。繊維を糸車で紡ぎ、機織り機で織って生地にし、それからシャツを縫い始めます。布を裁断し、その布を縫い合わせていき、やっとシャツが出来上がります。今はお店に行けば、シャツがたくさん並んでいますが、その一枚一枚は、繊維をとる草の種を蒔くところから始まっているのです。そこまで想いを馳せることができれば、フラックスの種、それが育つ大地、雨、太陽の日差しがあってこそ、私たちは衣服を着ることができるのだと、自然とのつながりをたぐり寄せることができます。

■命を育む地球への感謝の気持ち

「ガイアシンフォニー」という、地球について、素晴らしいメッセージを伝えてくれる映画があります。龍村仁監督が撮られた映画で、現在は第一番から第八番まであり、その映画を観て賛同した人たちが次々と自主上映会を開き、日本各地で感動の輪が広がっています。

第一番のパンフレットには、「もし、母なる星地球（ガイア）が本当に生きている一つの生命体である、とするなら、我々人類は、その『心』、すなわち『想像力』を担っている存在なのかもしれません。…今生きている我々ひとりひとりが、『心』にどんな未来を描くかに依って、現実の地球の未来が決まってくる」という監督の言葉が載っています。一番から八番まで、どれもガイアに対する示唆的なメッセージをもつ人々へのインタビューが中心です。それらの人々は自然に対する敬意やガイアへの思いに溢れ、彼らの言葉とともに映し出される自然の映像は観る人の心を感動させます。

◆生きる力をよみがえらせる「おむすび」

ガイア・シンフォニーの第二番に佐藤初女さんという方が出てこられます。初女さんは青森の「森のエスキア」という所で自然とともに暮らしながら、心に悩みを抱えた見知らぬ人を受け入れ、心を込めた料理で癒しておられる方です。初女さんのおむすびは、大きくてたっぷりの海苔で包まれ、しかもその温かさが逃げないように、ふきんに包まれているそうです。ほかほかのおむすびをいただくとき、初女さんの温かさや心遣いが心に染みて、自殺を決意していた人にも生き続ける希望や勇気を与えるといいます。

初女さんのおむすびはどこが違うのでしょう。機械で握ったものと、人の手で握ったものでは、根本的に違います。もちろん、握った人の気持ちが入っていればいるほど、おいしくなるでしょう。しかし、初女さんのおむすびはこれだけではありません。まず、お米一粒一粒に命が宿っているからというお米への気持ちが、お米の研ぎ方にも表れます。ご飯が炊けたら、その温かさを損わないように、中にこれまた大切に仕上げた手作りの梅干しを入れます。握るときには「ご飯が呼吸ができるよう、ふんわりと」でも、しっかりと握ります。そして、海苔を全体に巻いてからも、ご飯が呼吸できるようにと、ラップではなくふきんにそっとくるむといわれます。「ご飯が呼吸できるように」という初女さんの言葉は、呼吸する家に住み、呼吸する衣服を身につけるようになってから、とてもよくわかります。お米が呼吸できるようにという、初女さんの一粒の命への配慮が、このおむすびの中でお米の命を生かし続け、それをいただいた人に、生きるエネルギーを与えるのだと思うのです。

◆ふきのとうの命

初女さんは信仰をおもちで、日々の暮らしが祈りであるといっておられます。龍村監督は「初女さんへの手紙」という文章の中で、初女さんのいつもの暮らしを撮るだけで、「日常生活の奥に秘められているいのちへの深い愛や叡智を、誰でもがわかる姿で示して下さる」と書いています。たとえば、映画に出てくるふきのとうのシーンでは、初女さんは雪の下に埋まっているふきのとうをスコップで掘るのではなく、小さな枯れ枝でていねいに雪を取り除きます。ふきのとうを、今夜のおかずの食材としての「単なるモノ」と見るのではなく、一つの命をもったものとして捉えておられるのです。ふきのとうの身になれば、大きなスコップで掘られると恐怖で身が縮みますが、やさしく雪をどかしてもらえれば、穏やかな心のままでいられるでしょう。初女さんは、「元の生命をお料理によって新しく生かしていく」と言われ、監督はその言葉に感動して、映画を通して人々に伝えたいと思ったといいます。私は最近、おいしいというのは、身体の欲する物を食べたときに、身体の細胞が喜んで深呼吸している感じだと実感するようになりました。身体の中に命が入ってきて、命が移し替えられるという初女さんの言葉が、少しですがわかったように思います。

◆自然との距離感

人が自然の恵みに支えられていると実感することは、生きる上での安心感につながります。しかし、都会暮らしと田舎暮らし、どちらがいいとは一概には言えません。それぞれの人にとってどちらが魅力的かは、その人の仕事や家族の状況、その人の年齢などによっても変化するでしょう。また、そう希望したからと言って、それが実現できないこともあるでしょう。しかし、都会に暮らしている場合は、意識的に自然とののんばーばるcomを取り入れる必要はありそうです。

自然との心地よい距離は人によってちがうでしょう。山と日々ののんばーばるcomをすることが生きるエネルギーをくれるなら、鈴木みきさんのように山に引越すかもしれません。彼女は山にいるときに、都会のアルバイト先に電話をしたことがあり、電話から聞こえてくる都会の仕事場の喧騒を聞きながら、私は山にいたいと痛感したといいます。我が家のように、日々潮風に吹かれたり、海を眺めたりすることで、自然を感じる暮らしを望むなら、海辺を生きる場として選ぶのです。

アーティストは自然の中で暮らす人が多いように思います。作品のインスピレーションを自然から受け取るのでしょう。シカゴで出会った彫刻家の先生も、湖の近くの自然に囲まれたお宅に住んでおられました。自然の中で感じる光と影を彫刻に彫るのだと話されていたのを印象深く覚えています。

♥「自然がくりかえすリフレイン」と生きる力

どのような距離感で自然との接点をとるにせよ、五感で自然を感じる感性があれば、本物を嗅ぎ分ける本能が保たれるでしょう。本物を知っていて、そうでないものを選択することと、本物を知らずに、本能を閉じたまま選択させられていることは大きく違います。自然とのんばーばるcomを続けていれば、自分の五感を鈍らせることなく、本物が何であるかを忘れずにいられるのです。このことは、地球上のあらゆる命を大切にすることにもつながります。

環境汚染問題の古典として読み継がれている『沈黙の春』の著者、レイチェル・カーソンはアメリカの海洋生物学者です。最後の作品となった『センス・オブ・ワンダー』の次の一節は、私の心を強く打ちます。

「鳥の渡り、潮の満ち干、春を待つ硬い蕾のなかには、それ自体の美しさと同時に、象徴的な美と神秘がかくされています。自然がくりかえすリフレイン――夜の次に朝がきて、冬がされれば春になるという確かさ――のなかには、かぎりなくわたしたちをいやしてくれるなにかがあるのです」

「地球の美しさと神秘を感じとれる人は、…人生に飽きて疲れたり、孤独にさいなまれることはけっしてないでしょう。たとえ生活の中で苦しみや心配ごとがあったとしても、かならずや、内面的な満足感と、生きていることへの新たなよろこびへ通ずる小道を見つけだすことができると信じます」

もし、都会暮らしが息苦しいと感じるなら、自然とふれあってみましょう。ハイキングに行く、山に登る、海で泳ぐ、旅に出る、農作業を手伝うなど、いろいろな方法があります。きれいでおいしい空気を胸一杯吸い込むだけでも、生き返ります。広々とした野原に寝転んで、大きな空を見上げれば、心は晴れ晴れしてきます。海で波が寄せては返す波音を聞いているだけで、心が落ち着き、呼吸も整ってきます。自然とののんばーばるcomでわかってくるのは、自分も自分の悩みもこの大きな地球の中ではちっぽけなんだと、大きな広い視野で自分を捉え直すことができるようになることです。そして、ちっぽけな自分でも「かけがえのない一つの命として地球が支え守ってくれているのだ」という安心感がわいてくることではないでしょうか。

♠本の紹介

・岡本翔子（二〇〇七）『新月&満月のリズムで夢をかなえる』ヴィレッジブックス
・佐藤初女（一九九七）『おむすびの祈り』ＰＨＰ研究所
・鈴木みき（二〇一三）『鈴木みきの山の足あと』山と渓谷社
・ターシャ・テューダー（二〇〇五）『ターシャの庭』（食野雅子訳）メディア・ファクトリー
・龍村仁「地球交響曲　ガイアシンフォニー」第一番〜第八番　映画パンフレット
・龍村仁（二〇〇一）『地球（ガイア）のささやき』角川ソフィア文庫
・トーバ・マーティン（一九九六）『ターシャ・テユーダ手作りの世界　暖炉の火のそばで』（食野雅子訳）メディア・ファクトリー
・曳地義治・曳地トシ（二〇〇二）『オーガニック・ガーデン・ブック―庭から広がる暮らし・仕事・自然』築地書館
・前田まゆみ（一九九八）『リトルガーデンのしあわせ』筑摩書房
・南清貴（二〇一一）『じつは危ない食べもの―健康志向・安全志向の落とし穴』ワニ・プラス
・村山定男・藤井旭（一九九八）『ヴィジュアル版　星座への招待』河出書房新社
・レイチェル・カーソン（一九九六）『センス・オブ・ワンダー』上遠恵子訳　新潮社
・レイチェル・カーソン（一九七四）『沈黙の春』青樹梁一訳　新潮文庫

第九章　命の循環とのんばーばるコミュニケーション

赤ちゃんが言葉を話すようになるまで、周囲の家族とのコミュニケーションはすべてのんばーばるcomです。赤ちゃんはこの世に生を受けたときから、周囲の人と心の交流ができるように、身体とその身体で感じられることを授かって生まれてくるように思えます。

還暦を過ぎて孫ができ、人生は巡っているのだ実感します。再び赤ちゃんとののんばーばるcomを楽しみ、自分の子育てを振り返るうちに、いつしか空に還る日が訪れ、魂は五感をもった身体を離れるのです。この章では、赤ちゃんが身体とともに生まれ、やがて、魂が身体を離れるという「命の循環とのんばーばるcom」について考えてみます。また、還暦以降、百歳になられてもお元気な方々の暮らし方と、のんばーばるcomの関係も考えてみましょう。

■赤ちゃんはお母さんを選んで生まれてくる

産婦人科医の池川明さんの講演会が近くの公民館であるというので行ってみました。子育て中のお父さんやお母さん、妊婦さんなどがたくさん聞きにきています。池川さんは、「体内記憶」という、子どもたちが生まれる前の記憶をもっていることについて、本を書いておられます。講演会では終始笑顔で、「赤ちゃんは空の上でこのお母さんの所に行こうと決めてやってきます、一番人気は優しそうなお母さん」と話されます。困っている人や悲しそうな人を選ぶ赤ちゃんもいるといいます。そして、どの赤ちゃんもお母さんを助けたい、お母さんに幸せになってもらいたいと思ってやってくるというのです。

にわかには信じ難い人もいるかもしれませんが、私は、素敵なファンタジーとしてすんなり受け入れています。生まれる前の記憶をもった子どもたちがいても不思議ではないし、何より子どもが母親に幸せを届けにくるんだと思っただけでうれしくなり、いとおしい気持ちがふくらみます。私の子どもたちも、振り返ってみれば、それぞれのやり方で私を助けてくれました。一人は教壇に立つ私を「何か楽しそうなことをしている」と興味津々で見つめ、働く私を小さい頃から応援してくれました。もう一人は仕事に関わりすぎて疲れてしまった私を、ゆったりとしたスローライフへと誘ってくれたのです。

◆自然なお産と魂のふれあい

産婦人科医の吉村正さんは、二万例を超える自然なお産に関わってこられた方です。松、杉、椹《さわら》などの天然木を使った「お産の家」は、木のいい匂いがするといいます。吉村さんは、「妊娠中に肉体的、精神的条件を整え、…なるべく分娩に介入しなければ、いかにすごいお産ができるかということを、お産の家で連続的に見ています」と言われます。そして、医学の進歩で昔は助からなかった母子が助かるようになったことは喜ばしいが、その一方で女性たちはお産の本当の悦びや身体への自信を失ったのではないかといいます。

お産を日々の暮らしの中に取り戻すと、母親と赤ちゃんの心の交流や、父親や上の子も含めた家族の心の交流がさらに密に、自然にできるようになるのではと感じます。「かつての日本人は、もっと心と心、魂と魂で通じ合えたのではないでしょうか。人間にとって言語はもちろんなくてはならないものですが、言語化しえないものもまた非常に深く、重要なのです」と吉村さんは言われます。魂と魂で通じ合えるようになることと、お産の瞬間に立ち会うこととは決して無縁ではない、と私には思えます。

「日本でも昭和二十年代後半まで、お産全体の九十%以上が自宅でおこなわれてきた」と吉村さんは言います。女性たちはもっと自分の身体を信じ、本能的にお産をしてきたというのです。その後、産院での出産が増えましたが、現在は、ある意味選択肢が多様になってきたとも考えられます。自分でどういうお産をしたいか、主体的に選ぶ女性も増えています。

◆主体的なお産と赤ちゃんの気持ちの尊重

バースコーディネーター、マタニティコーディネーター、子育てコンシェルジェなど、出産や子育てに関する独自の肩書きをもつ女性が増えてきました。これも女性が、出産を女性の手に取り戻そうとする一つの動きなのでしょう。大葉ナナコさんもその一人。五人のお子さんのお母さんです。ナナコさんの『えらんだお産』には、自分がどういう気持ちで出産を捉え、どこで産みたいか、どう産みたいかを試行錯誤した四十二人のお母さんたちの体験談が書かれています。

バースプランという、私が出産をした頃には、聞いたこともないような言葉も出てきます。バースプランとは、自分はこういうお産がしたいという、生む側の気持ちや産後についての希望などを手紙のように書いて産院に手渡すものです。書くからには、いろいろ調べて、人にも話を聞いて、夫と相談して書くことになります。その自分の思いを産院側に受け取ってもらうことで、話し合いの切っ掛けにもなるのです。言われるままに従うのではなく、生む側が主体的に意思表示することは、とても大切なことです。

助産院で子どもを産むことを選ぶ若い世代もいます。娘も自らここで産みたいと、自宅近くの助産院で二人の男の子を生みました。助産院は産科医と連携をしていて、両方に診てもらえるので、むしろ安心感があります。問題があれば助産院では生めないので、母子ともに健康であるというお墨付きがあった上での自然なお産となるのです。

助産院は家庭的な雰囲気です。和室で初孫の出産に立ち会った私は、くるくるっと頭を回転させて生まれてきた孫の姿に心から感動しました。その姿は今でもはっきり目に焼きついています。赤ちゃんはお母さんと心を通わせながら、産道を通って生まれてくるように感じました。時間がかかるのには、それぞれ理由があると吉村さんはいわれます。赤ちゃんの状態や気持ちを尊重しつつ、お母さんは赤ちゃんが生まれてくるのを「待つ」のです。待てないことの多い現代で、赤ちゃんの生まれてくるのを「待つ」ということはとても大切なことです。赤ちゃんのペースを尊重すると、赤ちゃんはそれはそれは穏やかな顔で生まれてくるといいます。

◆心の交流はお腹の中にいるときから

お腹の中にいるときから、赤ちゃんとの心の交流は始まっています。池川明さんは『子どもは親を選んで生まれてくる』という著書の中で、「お母さんと赤ちゃんは双方向のコミュニケーションがとれる」と書いておられます。幸せ、喜び、悲しみ、怒り、不安、安らぎといった感情はへその緒を通して赤ちゃんに流れ込むため、お母さんの感情は赤ちゃんに共有され、赤ちゃんの感情も瞬時にお母さんに伝わっているようだといいます。赤ちゃんとの心の交流がお腹の中にいるときから始まっていると思うだけで、赤ちゃんへの思いは深まるでしょう。

池川さんは、胎内記憶をもって生まれてくる子どもたちは、お腹の中にいるときに、お母さんが積極的に話しかけた子どもたちが多いといっておられます。「話しかける」とは、単なる胎教として、ゆったり過ごしたりいい音楽を聞いたりという環境作りに留まらず、もっと積極的にお腹の中の赤ちゃんに話しかけ、お腹に手をふれて、心を通い合わせようとすることだと思います。お腹の中の赤ちゃんが自分の声を聞いていると本当に思わないとそれはできないでしょう。赤ちゃんの存在を心と身体で感じて話しかける、その気持ちが赤ちゃんに伝わったとき、赤ちゃんとの心の交流ができるのです。

◆誕生日は「愛をうけとった日」

『愛を受け取った日』という小さな絵本があります。娘が母の日にプレゼントしてくれました。子育てコンシェルジェの青木千景さんが文を書き、世界中に笑顔を広げるアーティストR－Eさんが絵を描いています。空からお母さんを見ていた赤ちゃんは、ある日お母さんのもとへと出発します。「すべてはこの道と信じて」と飛び込んで行く女の子の姿は、何度見ても感動します。赤ちゃんはお腹の中でぬくもりを感じ、心臓の音と一緒にお母さんの声も聞いています。会える日を指折り数え、遠くに光が見えた日、力一杯手を伸ばして生まれてきます。お母さんにやっと出会え、初めて抱きしめられたこの瞬間が「愛を受け取った日」、赤ちゃんの誕生日となったというお話です。

確かに誕生日というのは、赤ちゃんが母さんに初めて会った日、初めて抱っこされおっぱいをもらった日、お母さんの腕の中で安心感をもらった日です。この日から、へその緒を通じた双方向のコミュニケーションは、お互いの「身体」を使うのんばーばるcomという形で続くのです。

◆生まれてからの心の交流はのんばーばるcomで

生まれてからは両親と目と目を合わせ、抱っこしてもらって心を通い合わせます。笑ったり、泣いたり、手を伸ばしたり、「あっあっ」と声を出したり、赤ちゃんののんばーばるcomはどんどん広がっていきます。ジェスチャーで意思疎通ができるというお話もしました。声の表情がだんだん豊かになり、やがて片言を話すようになります。

ここからが言葉の登場ですが、これ以前は、赤ちゃんは言葉を話さないからコミュニケーションがとれないと思い込んでいる若いお母さんたちがいると聞くと、ちょっと悲しくなります。お腹の中にいるときから、そこにいる赤ちゃんを思えば、双方向の心の交流ができます。生まれてからも、のんばーばるcomに目を向ければ、いくらでも心の交流は可能で、赤ちゃんの気持ちや思いを受け止めることができます。この時期、のんばーばるcomでお互いの心の交流が十分にできていると、言葉が加わったときにさらにお互いを理解できるようになるのです。

■魂が身体から離れるとき

命の循環に思いを巡らすとき、誕生があれば、死があります。死について考えるとき、いつも思い浮かぶのは、梨木香歩さんの『西の魔女が死んだ』という作品です。主人公のまいは、感性豊かな女の子。中学に入って、友人との関係から学校に行かなくなり、しばらくイギリス人のおばあちゃんと暮らします。ジャム、ハーブティー、エプロンと何でも手作りするおばあちゃんの日々の暮らし方や近所の人とのお付き合いを通して、まいは様々なことを感じ、自分を創っていきます。「西の魔女」とはこのおばあちゃんのこと。まいはおばあちゃんのもとで魔女修行をし、どんな事でも自分で決めることができるように、精神力を鍛えていきます。

作品の冒頭はこの西の魔女の死の知らせから始まります。おばあちゃんと気持ちの行き違いができたまま、自分の家へ戻って二年。学校へ行き始めていたまいにとって、西の魔女の死は悲しい知らせでした。しかし、一緒に暮らした家に着いたとき、窓に書かれていたのは、「西の魔女から東の魔女へ　おばあちゃんの魂、脱出大成功!」という、おばあちゃんからの明るいメッセージだったのです。

まいはおばあちゃんと暮らしていたときに「人は死んだらどうなるの?」とずっと心に

あった問いを投げかけます。おばあちゃんは次のように答えます。「おばあちゃんは、人には魂っていうものがあると思っています。人は身体と魂が合わさってできています。…身体は生まれてから死ぬまでのお付き合いですけれど、魂のほうはもっと長い旅を続けなければなりません。赤ちゃんとして生まれた新品の身体に宿る、ずっと以前から魂はあり、歳をとって使い古した身体から離れたあとも、まだ魂は旅を続けなければなりません。死ぬ、ということはずっと身体に縛られていた魂が、身体から離れて自由になることだと、おばあちゃんは思っています。きっとどんなにか楽になれてうれしいんじゃないかしら」

このおばあちゃんの答えを聞いて、まいは少し安心したのです。なぜなら、お父さんからは、死ぬということは最後の最後で自分というものがなくなることだと言われ、まいはつらい思いを抱えていたからです。そしてこの話をしたときに、おばあちゃんはその時がきたら、まいにメッセージを送ると言ってくれていたのです。

◆魂が身体の中にいるのはのんばーばるcomをするため

おばあちゃんの言葉は、私にも明るい気持ちを届けてくれました。この世にいる間、魂は身体の中に入り、最期は魂が身体を離れて行くのだと、自然に受け入れられます。そうであるなら、この世にいるとき「身体がある」ということは、のんばーばるcomで人との心の交流をするためではないでしょうか。

言葉のやりとりは、のんばーばるcomという土台があってこそ生まれてくるものです。メールで心ない言葉を使ったり、バーチャルな世界に浸って死を死と実感できないのは、のんばーばるcomをする機会が減っているから起こるのでしょう。身体があるからこそ、自分の心の内をのんばーばるcomで伝えられるのです。そう考えると、「身体がある＝生きている」ということは、人に出会って、のんばーばるcomで心の交流をするためと私には思えるのです。

◆のんばーばるcomは思い出の中でよみがえる

魂は空に還っても、その人の残してくれた知恵や生き様などは、思い出の中の姿形、表情などとともに次の世代へ受け継がれていきます。スーザン・バーレイという絵本作家の作品に『わすれられないおくりもの』という本があります。年老いたアナグマが、ある日ふしぎな夢を見ます。自分が、いつもと違ってしっかりとした足どりでどこまでも続く長いトンネルを走っているのです。ふっと地面から浮き上がり、身体がなくなってしまったかのようにすっかり自由になったと感じました。翌朝、森の友だちはアナグマの死を知ります。みな、とても悲しみ、アナグマがいつもそばにいてくれたのにと途方に暮れました。春になって、森のみんなはアナグマの思い出を語り合いました。はさみの使い方を教わったモグラ、スケートを教わったカエル、ネクタイの結び方を教わった狐、生姜パンの焼き方を教わったウサギ。アナグマは一人ひとりに宝物になるような知恵や工夫を残してくれたというのです。

魂が身体を離れると、声も聞けない、笑顔も見られない、手のぬくもりも感じられません。それでも、その人の伝えてきたことや、生き方、人柄はみんなの心の中に残っているのだとこの本は教えてくれます。そして、その人の表情も声も肌のぬくもりも、その人とともに過ごし、のんばーばるcomを交わす時間をたくさんもつことで、いつでも心の中によみがえってくるのです。

◆自然に守られる安心感

『リトル・トリー』という本があります。リトル・トリーとは、五歳の男の子のインディアンネーム。物語は、お葬式の場面から始まります。両親に先立たれひとり残されたリトル・トリーは、その日から祖父母に引き取られます。夜になって、祖母はリトル・トリーの横に座って、静かに歌を唱ってくれます。森や木々を通り抜ける風はリトル・トリーが来たのに気づいたよ。山はようこそと言っている。みんな、恐がらない。リトル・トリーのやさしさを知っているから。リトル・トリーはひとりぼっちじゃないよと。祖母の歌を聞きながら、リトル・トリーは安心してぐっすり眠るのです。この詩は私の心を強く打ち、ずっと私の心の中にあります。人間を自然の中で生きる生物の一種と捉えると、その存在は小さいともいえますが、逆に自然という大きな守りの中にいる安心感が得られます。

この物語の最後に、年老いた友人が自らの死を告げにやってくる場面があります。もう数日で自分は大地に還るから、あの大きな木の下に埋めて欲しいというのです。そうすれば、自分の身体はあの木が育つことに役立つからと。世界には様々な死の儀式や死生観がありますが、人間を自然の中の一生物と捉えれば、「土に還る」という考え方は自然の摂理にかなったものといえましょう。

■いのちのバトンとゆるす愛

バースセラピストの志村季世恵さんは、ターミナルケアもされていて、何人もの死を迎える人たちの心に寄り添ってこられた方です。『いのちのバトン』という本には、最期を迎えようとする人たちの心の変化や家族との絆を取り戻す様子が描かれ、読んでいると思わず涙が流れるほど感動します。

　その中の一人、阿部さんという男性は、末期癌をわずらい、家族との間にも様々な問題を抱えています。孤独感で人に会うのを拒否する阿部さんの心のケアを、志村さんが引き受けます。お金には困らず、花束も、花の美しさではなく値段で見てしまう阿部さんに対し、志村さんは五感を再生するべく、自然とふれ合う機会を積み重ねていきます。

「死んだらどうなる？」という阿部さんの問いの答えを探しに、志村さんは一緒に山に行ったこともあります。枯葉をこんもり盛ってにせのお墓を作り、その中に身体を横たえた阿部さんは、温かい、気持ちがいい、土や葉や木のいい匂いがするといいます。死んだら自分が地球と一体になることがわかったといい、「生まれて初めて本気で言えた」と言いながら、「ありがとう」という感謝の言葉を口にしてくれたのです。

　奥さん以外に何人もの女性と関わり、認知という形で関係を保っていた子どもたちは、ずっと阿部さんを憎み、拒絶していました。しかし、感じる心を取り戻した阿部さんは来る日も来る日も、子どもたち一人ひとりに頭を下げ続けます。その気持ちが通じて、成人した息子たちが、銭湯で順に阿部さんの背中を流してくれるまでになります。最後の入院となったとき、死んでも泣かなくていい、あの世に行ったら少し修行をして、その後は家族や皆を守るからといいます。それを聞いて涙する志村さんを見ながら、「人に惜しんでもらって死ねるとは思っていなかった。よい人生になったものだ」と言って、かけつけた家族と最期の時を過ごしたといいます。

志村さんはこう言います。故人の尊いもの、願い、やり残したことといった「いのちのバトン」が、残された人に託されるのを何度も見てきたと。そのバトンは種となって芽を出し、受け取った人とともに前へ進んで行くといいます。

◆ゆるすという愛

志村さんの『いのちのバトン』に収められた話はどれも私の心を強く打ちました。もう一つ、紹介しましょう。白血病を患い、あと一ヶ月の命という貴子さんの話です。貴子さんのセラピーを始めると、長いこと関係を絶ってきた貴子さんのおばさんがイメージの中に突然出てきます。子どもができなかったおばさんに、貴子さんが幼い息子さんを預けて出かけたとき、息子さんは交通事故にあって亡くなってしまったのです。それ以来、悲しみや苦しさで貴子さんとおばさんの関係には大きな溝が生まれてしまいました。志村さんが「かけちがいのボタン」と呼んでいる苦しみの連鎖。それを止めて、残される家族にバトンを渡せないかと志村さんは提案します。

それには、小さな幸福を探すことといって、志村さんはカウンセリングを続けます。その甲斐があって、何回目かのセラピーで、貴子さんはイメージの中で出てきたおばさんを迎え入れます。「おばさん、もういいよ。一緒に光の中に入ろう」と。そして、穏やかな顔で涙し、長かった苦しみを静かに融かすことができたのです。その後、十年ぶりにおばさんから電話が入り、実際に二人は会ってお互いをゆるしあうことができました。「ゆるすってこんなに楽になれるものなのかしら」と言いながら、貴子さんは、その後亡くなったのです。快復したわけではないけれど、おばさんとお互いをゆるし合うという奇跡は起こり、手渡されたバトンは苦しみの連鎖を断ち切ったのです。

『いのちのバトン』を読んでいて、志村さんは、「ゆるしの奇跡」を起こせる人なんだと思いました。小さな幸せを感じられるようになるだろうかと不安気に問う人に、腕が鳴りますねえと応えられる志村さんです。彼女の五感再生セラピーは、自然とのんばーばる.com することによって、心地よさや小さな幸せを感じる心を取り戻すことではないかと思います。自分自身を緩め、心にゆとりをもつことで、相手を違った視点から見ることができるようになり、ゆるすという大きな愛に至れるのだと感じます。

◆三つの和解

徳永進さんは、野の花診療所でホスピス医療に関わっておられるお医者さんです。詩人の谷川俊太郎さんとの往復書簡『詩と死を結ぶもの』は、心に残る書です。この中で、徳永さんは「和解」というテーマについて書いています。「死を前にして大切なことは、身体の痛みや症状がうまくコントロールされていることと、心のわだかまりが融解していることだと思う。自分が赦《ゆる》されている、赦し、赦されている、と感じる中で死を迎えることができると、やすらかな死を迎えやすい」と言われます。しかし実際には「仲直り、至難」と、数々の体験からいわれます。そして、和解には、家族や友人との和解、神や宇宙との和解、そして自分自身との和解の三つがあり、徳永さんは、自分との和解ができるか否かに人生はかかっているといいます。

この問いかけに対し、谷川さんは、一つ目の家族や友人との和解は相手があることで、一方的にはできないからしばらくおくとして、二つ目と三つ目は、年をとるにつれてできつつあると言います。神や宇宙との和解については、「神と呼ばれるものは、ビッグバンでこの世界を初めた目に見えない無限のエネルギーだと考えたい」と言います。「宇宙に満ち満ちているエネルギーと一体化したい。死ぬということもまた一体化するための一過程ではないか。死を忌《い》まず厭《いと》わず穏やかに受け入れられたら、それが神や宇宙との和解ということになるのでしょうか」と。三つ目の自分との和解については、初めから自分とは仲が良かったといいます。自分に不満な所もあったけれど、いつのまにか自分にこだわらなくなったと。幼い頃に母親に愛されて育ったおかげで、自分を肯定して生きることができるのをありがたいと思っている、と語られています。自己肯定感をもって生きることがどんなに大切か、心に響きます。

三つの和解、自分はどうかと考えてみます。家族や友人との和解は、人生道半ばの私にはこれからもいろいろ出てくるでしょう。『西の魔女』のまいのように修行中です。ただ、相手があることだから自分だけではできないと思い込まずに、自分の心の中で相手の捉え方をわずかでも変化させることで関係を良い方向に向けることができるのではないか、と最近は考えるようになりました。将棋の一手、テニスや卓球の返球にもあらゆる可能性があり、どの一手を打つかによって、その後の展開は変わってくるのです。そうだとすれば、どの一手を打つかを決めるのは自分なのですから、相手のことをどうこう言う前に自分の相手への対し方、態度、顔の表情、声の表情について見直してみるべきなのではないかと思うのです。

最近は相手の顔の表情は自分の鏡だということが、ようやく身に染みてわかってきました。相手が困った顔をしているときは、自分が眉間にしわを寄せており、相手が緊張しているときは自分も緊張している、相手がにこやかな笑顔の時は、自分も笑っているのだと。なかなかできないこともあるけれど、いつも笑顔でいることが、周囲に笑顔を広げることになるはず。一つ目の和解は、自分の努力次第で実現可能だと、少し思えるようになってきました。

二つ目の神や宇宙との和解については、谷川さんの言われることがよく理解できます。この年になっていろいろな死にも出会い、様々な死生観についての本も読みました。谷川さんのいわれることは、龍村監督の『ガイア・シンフォニー』に出てくる人たちがいう「サムシング・グレイト」に通じます。三つ目の自分との和解は、基本的に自分のことは好きなので、大丈夫でしょう。

■百歳を超えて尚、生き生きと生きる

私も還暦を過ぎました。還暦は人生が一巡りして、次の一巡りを始めるときです。ご近所に百歳を超える方が元気に暮らしておられる土地柄か、ゆうゆう百歳は大丈夫と思って日々暮らしています。しかし、そうはいいながらも、なぜか人生を少し縮小気味に考え始めていた自分に気づかせて下さったのが、フォトジャーナリストの笹本恒子さんと、美術家の篠田桃紅さんです。御二人が百歳を超えて尚、生き生きと自らの人生をポジティブに歩んでおら

れる姿に感銘を受け、大きな勇気を頂きました。

◆生きる力とのんばーばるcom

手芸が好きな私は、NHKの手芸番組のテキスト『すてきにハンドメイド』を何気なく眺めていました。その中に「九十八歳、私の仕事と好きなもの」という記事とともに、エキゾチックな柄の個性的な服を着た笹本さんの写真が載っていました。そして、「人と同じ服はいやなの、自分で作ります」「十五分くらいで一着つくってしまいますよ」と書かれています。思わず記事のタイトルを見直しました。九十八歳って書いてあるけど、信じられないほどお若い！　百歳になられる方は、和服をお召しになって柔和な顔をされているとばかり思っていた私のイメージを一新したのです。日本の女性フォトジャーナリストの先駆けとなられた方で、キャリアは七十年。今も現役として活躍中です。素晴らしい！　私もこういう百歳になりたいと心から思ったのです。

笹本さんの「生きる力」には、のんばーばるcomが関係していると私は直感しました。まず、「服装」を自分を表現するものとして楽しんでおられること。自分らしくいるために、オリジナルな一点物を身にまとうことは大切な暮らし方です。私も自然素材を探しては手縫いでちくちく縫って着るようになったとお話ししましたが、それ以来、既製服というのは、妙に窮屈だと感じるのです。素敵な服もありますが、なぜか、服に自分を合わせなくてはならないような感覚がします。自分の着たい服を着て一日を過ごすことは、自分が自分でいられる原点かもしれません。

二つ目は、衣ばかりでなく、「食と住」についても暮らしを自分で創っておられること。朝昼晩の食事は自分で料理され、お気に入りのテーブルマットを敷いて、好きな食器に美しく盛りつけていただくといわれます。夕食にはワインも添えられるそうです。九十三歳の時に腰を痛め、老人ホームも検討したけれど、毎晩ワインは飲めそうもなくやめましたと。九十四歳のときに部屋をリフォームしたら、気分もすっきりして前向きになったといわれます。いくつになっても衣食住すべてにこだわり、創造的に暮らしておられることが、元気の源であるように思えます。

三つ目は「色」から元気をもらっておられること。服の色も、アクセサリーの色も、食卓の布の色も、部屋のインテリアの色も、笹本さんは好きな色に囲まれて暮らしておられます。「年齢を重ねたら、どんどん冒険して色を味方につけましょう」「ある程度の年齢になったら、もっと色に応援してもらわなくちゃ」と言われます。笹本さんの選ぶ服の生地はエキゾチックなはっきりした柄で、色も赤や黒などの原色が多いのですが、とてもお似合いです。年をとるとつい控えめな色をと思いがちですが、いくつになっても自分に合う色、好きな色を身につけることの大切さを教えられます。生き方に枠をつくらない、年齢にしばられない、自由な自分の気持ちを尊重されているからこそ、お若いのです。

四つ目はプロの写真家としての生き甲斐をもち、それを通じて「様々な人に出会う」機会があること。好きなことをしているというだけで、人の心はワクワクします。笹本さんは、二十年のブランクの後、七十一歳でフォトジャーナリストに復帰されています。九十六歳で年齢を明かしたら、また取材が増えて多くの人に出会うことになったといわれます。様々な人と会うことで、生き生きとしたのんばーばるcomを交わされているようにお見受けします。

五つ目は「自然」とののんばーばるcomを取り入れた暮らしをされていること。マンションの十階にお住まいですが、ベランダには緑を置き、部屋の中にもたくさんの観葉植物を置いておられます。風がよく通る部屋の窓はガラス張りで、そこから見る日の出から日没までの空の色の変化を楽しみにされています。夕焼けはクライマックスと言われます。日が落ちるとソファに腰掛け、赤ワインをいただきながらお月見を楽しまれるとか。風、緑、空、夕焼け、お月見、これらが笹本さんに日々生きる力をくれるのでしょう。

◆生きる力と「美意識」「自由な精神」

美術家の篠田桃紅さんは、百歳を超えられた現在も墨を用いた抽象画を描かれています。『百歳の力』には、年齢に縛られない生き方、精神を自由にしておく生き方、何事にもとらわれない生き方が書かれていて、読んでいる私の背筋もすっと伸び、心が自由になってくるのを感じます。

百歳以上生きていると、歴史の移り変わりに感慨をもつといわれます。価値観は人間が作ったものだからどんどん変わるけれど、一種の美意識は変わらない。桜の花、空の碧さ、富士山など、大自然に宿る美は変わらない。人間性の奥底が求めているものがほんとうの「美」で、あらゆる人に美しいなあと感動を呼ぶものがあれば、それは人類の宝でしょうと。自分がそれに近いものを創れたらと叶わぬ望みを抱き、それが生きる源になるのだといわれます。変わらぬ本物の美意識を持ち、自分の目標を高く掲げて、妥協することなく日々それに向かい合う姿勢があるからこそ、それが生きる源になり、現役の最年長前衛美術家として、今日も筆を持っておられるのです。

独創性を得るためには、考え方や生き方を自由にして、枠の中におさめないことが鍵だといわれます。とらわれていると新しいものは生まれない、芸術は範囲が無限だから表現できるのだというのです。とらわれてその範囲でやっていると、いいものまで見えなくなる、自由な視点を持ち続けることが大切だと。百歳の今、肉体的、物理的に自由になることは無理で、行ってみたいところにすぐに行くわけにはいかないけれど、自由な気持ちをもつことは、年齢に関係なく続けられるといわれます。この何ものにもとらわれずに精神を自由にしておくことが、瑞々しい心を持ち続けておられることにつながっているように思います。とかく人の目を気にして、枠の中で生きることを選ぶ日本人が多い中で、私はこういう生き方のできる人を心から尊敬し、自分もこうありたいと思います。

♥「身体があること」は、のんばーばるコミュニケーションを楽しむため

命の循環とのんばーばるcomについて考えてきました。身体があること、身体の中に魂が入っていることがこの世の「生」だとすれば、人と会い、同じ空間で一緒に時間を過ごし、のんばーばるcomを交わすことこそが、生きることの意味につながります。

魂が身体から離れると、直接声を聞いたり、姿形を見ることができなくなりますが、身体があるときにたびたび会って、のんばーばるcomを交わすことで、その姿は思い出の中で生き生きとよみがえるのです。

百歳になる諸先輩からは、年齢にとらわれず、衣食住の暮らしを自分の手で創ることの大切さを教えられました。好きな色や物に囲まれ、好きな服を着て自ら料理をし、好きな空間で過ごすことが生きる力につながるのです。また、生き甲斐がどれだけ大切か、プロであるという意識がどれだけ人の精神を支えるか、そして何より、自分の精神を自由にしておくこと、何ものにもとらわれずに生きることが「生きる力」を与えてくれるのだと知りました。

♠本の紹介

・青木千景・RIE（二〇一四）『愛をうけとった日』学研パブリッシング
・池川明（二〇〇七）『子どもは親を選んで生まれてくる』日本教文社
・池川明・飛谷ユミ子（二〇一二）『お母さん、お子さんはあなたに愛を届けにきました。』学研パブリッシング
・大葉ナナコ（二〇〇九）『えらんだお産』河出書房新社
・笹本恒子（二〇一二）『97歳の幸福論―ひとりで楽しく暮らす、5つの秘訣―』講談社
・笹本恒子（二〇一三）「98歳、私の仕事と好きなもの」『すてきにハンドメイド』二月号
・篠田桃紅（二〇一四）『百歳の力』集英社新書
・志村季世恵（二〇〇九）『いのちのバトン』講談社文庫
・スーザン・バーレイ（一九八六）『わすれられないおくりもの』小川仁央訳　評論社
・谷川俊太郎・徳永進（二〇〇八）『詩と死をむすぶもの　詩人と医師の往復書簡』朝日新聞出版
・梨木香歩（二〇〇一）『西の魔女が死んだ』新潮文庫
・フォレスト・カーター（一九九一）『リトル・トリー』（和田穹男訳）めるくまーる
・吉村正（二〇〇三）『お産！このいのちの神秘―二万例のお産が教えてくれた真実』春秋社

第十章　幸せとのんばーばるコミュニケーション

最後の章になりました。本の前半では、会うことによって顔の表情、視線、声の表情、手ぶり身ぶり、姿勢など自らの「身体を使ったのんばーばるcom」が自分の気持ちを伝え、相手の気持ちも伝えてくることをお話ししました。また、相手との間に取る距離、座る位置、会う場所の選択などの「空間」や、会う時間、話のテンポ、生きるテンポなどの「時」に関するのんばーばるcomは、話をする人を取り巻くコンテキストとして大切です。

これらののんばーばるcomは、私たちの周りにあるごく当たり前のことと思われたかもしれません。しかし、日本人の察する力、つまり相手ののんばーばるcomを汲み取る観察眼は、昨今のメディアの変化で衰えつつあるように思えます。のんばーばるcomは無意識にすることが多く、言葉のように明確な意味をもっているわけではありませんが、思いやりをもって相手を観察する気持ちや感受性があれば、言葉では表現できない相手の気持ちをより深く理解できるのです。

みなさんは、暮らしの中ののんばーばるcomにどれだけ意識を向けているでしょうか。前章でご紹介した百歳を超えた女性たちは、自分らしく生きがいを持ち、自分を表す服や色にこだわり、日々の暮らしを彩る料理を楽しみ、一日一日を自分の意志で手作りしておられます。これらは皆、のんばーばるcomの要素を含んでいます。自分の暮らしの中に、そういうものがどれくらい取り入れられているか、思いを巡らしてみましょう。

幸せって何でしょう。この最後の章では、幸せとのんばーばるcomについて考えてみたいと思います。私がなぜこの分野に四十年以上も惹かれてきたかといえば、のんばーばるcomはあたたかく、人間らしく、多様性と奥深さをもっているからです。そう、幸せと大きな関わりがあるのです。本の後半でお話しした色やアート、自然とののんばーばるcom、地球に生きる一つの命としてその循環を考えることは、日々の暮らしに幸せを取り戻すことにつながります。この本のサブタイトル「小さな幸せを取り戻すために」を心に留めながら、のんばーばるcomと幸せの関わりを見ていくことにしましょう。

■ 幸せって何だろう?

幸せって何でしょう? 今、あなたは幸せだと感じていますか? 一日の暮らしの中で、どんな時に、幸せだと感じるでしょう。お金があれば幸せですか? 現代の社会ではもちろんお金は必要ですが、お金持ちがみんな幸せかといえば、どうもそうではなさそうです。お金がそれほどなくても、毎日を楽しく生きている人はたくさんいます。大きな家は幸せの絶対条件でしょうか。個室があっても幸せを感じない人もいるでしょう。逆に、小さな空間を共有することで家族が仲良く暮らしている家もあります。病気にかかると幸せは逃げていってしまうのでしょうか。健康なことは、確かに幸せなことでしょう。しかし、病床に臥せていても、心の通う相手や家族がいれば、そこに幸せはあるように思います。

みなさんは日々生きていて、どういう瞬間に幸せを感じますか？　私が暮らしの中で幸せを感じるのは、自然の生命力を感じるとき、そして家族と心を通わせるときです。私が幸せを感じるキーワードは、家族、食卓、お茶の時間、静けさ、風、月、星、夕焼け、紅葉の色、ひなたぼっこ、編み物、草木などでしょうか。自然を感じる暮らしは私の幸せ感に大きく関わっています。それは、きっと自然が私の心を優しく包んでくれるから、どんなときにも元気を取り戻させてくれるからでしょう。この他にも、お風呂に入って一日の疲れを癒しているとき、青空を見上げながら洗濯物を干しているとき、家中を掃除してすっきりきれいになったときなど、いくらでも日々の暮らしの中に幸せの瞬間はちりばめられています。ある意味、ごく普通の「人間らしい暮らし」をすれば、それが幸せなのではないでしょうか。

幸せを感じるのは身体があるからでしょう。風に吹かれる気持ちよさ、ひなたぼっこの温かさ、散歩して身体を動かす心地よさなどを感じるのは「身体」です。疲れてしまったとき、心が冷えきってしまったとき、お風呂で身体を温め、温かいお茶を飲んだり、温かい料理をいただくだけで、心までぽかぽかしてきます。身体が心地よさを感じると、ふうっと心が和らいで余裕が生まれます。そうすれば感性が戻って、バランスを取り戻します。相手の気持ちを思いやり、相手の良い所に目が行くようになってポジティブなサイクルが戻ってくるのです。

◆真心のあるつながりがもたらす幸せ

辻信一さんは、『幸せって、なんだっけ』という著書の中で、今の経済システムは人間を幸福にしないと書いています。「豊かさ」こそが幸せの条件だと考えられてきたがそれが罠《わな》ではないかと。幸せとは何かという問いに答えることは難しいが、魂のあるなしに深く関係しているような気がするといいます。そして、魂のこもった音楽、魂のこもった仕事というときの「魂」は「真心」とほとんど重なっている。「真心のこもった料理にぼくの真心は共鳴し、魂のこもった歌はぼくの魂を揺さぶる」と言います。自分という存在はモノや人やコトとのつながりからできていて、魂のあるつながりが、自分を幸せにするというのです。

人は一人では生きていけません。助け合いながら生きていく上で、相手の温かな心を感じられると元気をもらえ、それが自分を幸せにすると私も思います。仲間が心を込めて育てた野菜を使って手作りしているカフェ、店主のこだわりの本が並ぶ古本屋さん、個性が光る作家の手作り品だけを置いている雑貨店などには、マニュアルで統一されたチェーン店とは違った、個人とのつながりが見えます。個人とのつながりを取り戻すと、相手に会う機会が増え、そこには必ずのんばーばるcomが戻ってきます。人の気持ちが戻ってくるのです。その人にしかできないことに感動し、買うことで応援する関係は、人とのつながりを大切にします。

◆心の余裕と幸せ

前の章で紹介した、志村季世恵さんの『いのちのバトン』には、子育てに悩んでいるお母さんの話も出てきます。五歳になるチック症の女の子と自らの育児不安を抱えたお母さん。二人目の子どもも生まれ、上の女の子まで母乳を欲しがって疲れ果てています。そんな状態なのにご主人は家に帰ってこないので、一人で不安を抱えたままの子育てが続いています。彼女は「四人で幸せな食事をする家庭を作りたい」と言います。なかなか良い方向に向かわない中、ある日、お昼だから一緒に食事をしようと、志村さんは自宅に彼女たちを招きます。

おばあちゃんもいる大家族七人のいつもの食卓に、この家族も加わり、総勢十人の食事です。

少し心が落ち着き、余裕を取り戻したこのお母さんは、夕陽に向かってバイバイと手を振る子どもたちを「かわいい」と感じられるようになったのです。お母さんはこんな風に言います。「私ね、前回お邪魔したときに少しわかったことがあったんです。カエをかわいいと思ったときにね、あっ、私、今心にゆとりが生まれてるって。だからかわいいと感じてるんだなって。…私はゆとりとか潤いとかを、どこかに捨てていたんです」と。このお母さんは、大人数の食卓で子どもたちが楽しく食事をしている様子を見て、心が落ち着き、自分を取り戻したのでしょう。そのとき、子どもたちを心からかわいいと思える「心の余裕」が戻ってきたのです。かわいいものをかわいいと思えることは、幸せなことです。

心に余裕がないと、相手を受け入れる余地がありません。そうなると、鉄壁のごとく、相手の言葉や行為を何でも跳ね返すようになります。精一杯の自分を守ろうとすると、相手を攻撃することにもなるのです。そんな自分に気づいたら、身体を温めたり、自然のやさしさにふれたりして、身体が心地よさを感じるようにしてみましょう。

■家族でおいしいご飯を食べる幸せ

志村さんは、おいしくご飯を食べることがセラピー以上に効果があるといい、患者さんの家に行って一緒に料理をしたり、料理の仕方を教えたりされています。これは、彼女ならではのセラピーであり、志村さんが家族で手作りの食事をすることが、「幸せな家族の原点」だと感じているからこそだと思います。

食事というのは、生きていく上で欠かせないことです。その食事を「適当にすませること」と「おいしいなあと楽しむこと」、作る側がまた食事の用意だ、めんどうだなあと「義務感」でするのか、よし、今日もおいしい物を作ってみんなで食べようと「創造的に楽しむ」かでかなり変わってきます。私の世代は、主婦が家事をするという考えが主流でしたから、私は仕事はしながらも、家事全般や食事のしたくは自分がすべきことと考えてきました。私が仕事を続けることへの夫の精神的なサポートや協力は揺るぎないものであったため、私はそれだけでも十分でした。しかし、一日は二十四時間。仕事と家事、育児を切り盛りするのは大変で、私には「創造的に料理をして食事を楽しむ」という余裕はなかったように思います。

◆家族みんながシェフに

今の若い世代はどうでしょう。夫婦ともに社会に出て仕事をすることが多くなり、ずいぶんと考え方が変わってきているようです。娘夫婦もそれぞれに仕事を持ち、二人の子を育てています。「男子厨房に入るべからず」ではなく「入るべし」という家庭で育った彼は、料理好きでキッチンに立っている姿が似合います。私たちが訪ねていっても、腕を振るうのは娘ではなく彼。みんなで「今日は何だろう。いい匂いがしてきたね」とできあがるのを楽しみにして待ち、「おいしい、おいしい」と言いながら一緒に食べます。

我が家でも、一緒に暮らしている娘が料理好きで、食材や調味料にこだわって、毎日おいしい食卓を調えてくれます。スローライフを始めてから、夫まで料理を始め、「今日のイメージは…」とか「今日は色彩がきれいにできた」とか言いながら、創造的に料理を楽しんでいます。若い頃は忙しくて食事の支度に追われていましたが、今は、自分の家でも、新たな家族を作った娘の家でも、楽しそうに腕を振るってくれるシェフたちに囲まれ、私はいつでも「ああ、おいしい！」と家族と食卓を囲める幸せに浸っているのです。そして「こんな日がくるとは思ってもみなかった」といつも思います。

いわむらかずおさんという絵本作家がいます。東京から栃木県の益子町の雑木林の中へ引

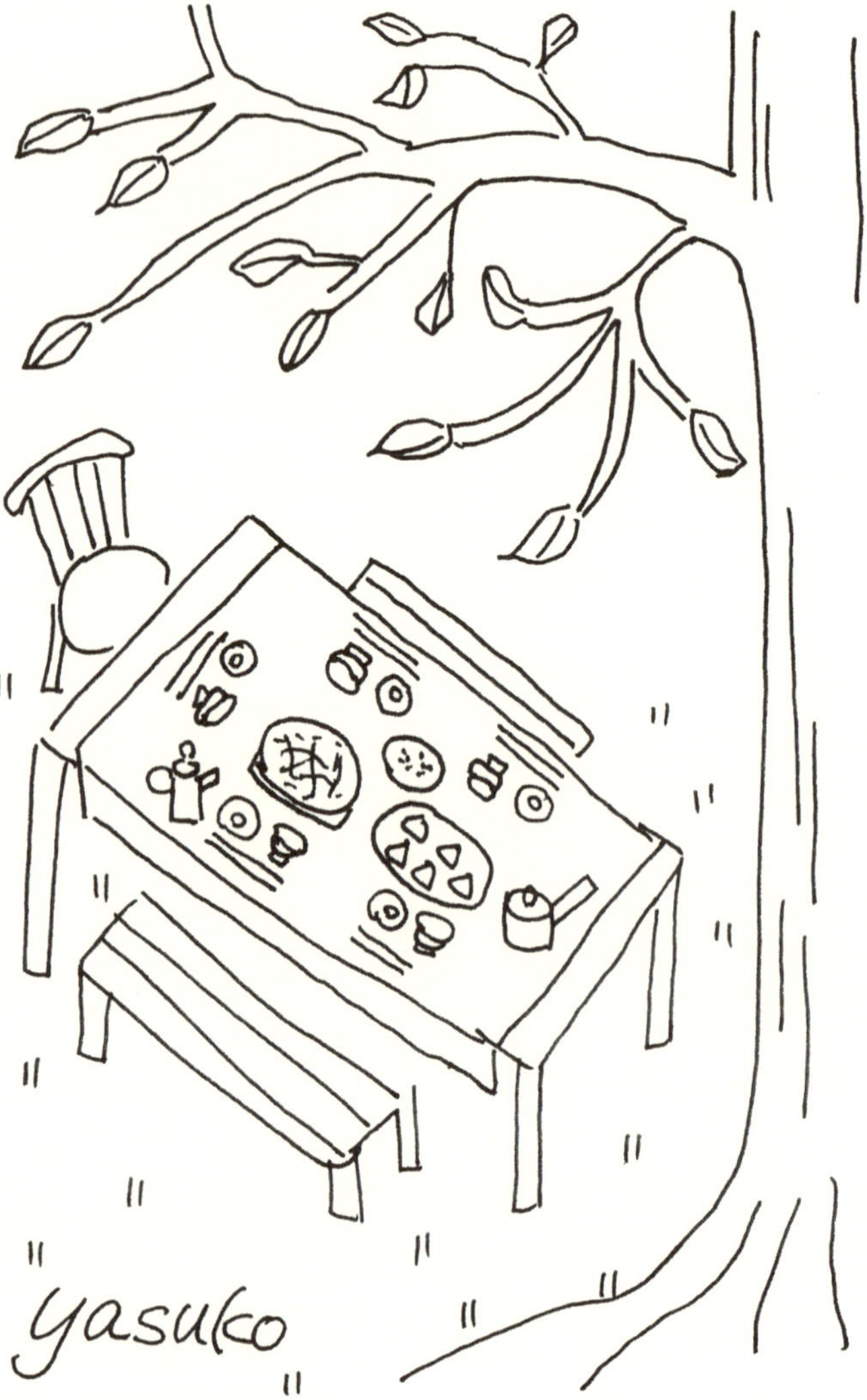
yasuko

越され、そこでの暮らしをもとに『14ひきのシリーズ』を描かれています。その中の一冊『14ひきのあさごはん』には三世代のねずみの家族がみんなであさごはんのしたくをする様子が描かれています。スープを煮るおとうさん、それを手伝うおじいさん、パンを焼くお母さんとおばあさん、野いちごを積みに行く子どもたち、みんなで配膳をして、大きな円卓を囲んで食事をする様子は、何度読んでも、日々の暮らしの幸せを感じさせてくれます。

日々の食事を手作りし、家族で食卓を囲むという楽しみを取り戻すと、幸せが戻ってきます。理想を言えば、家族の誰もがシェフになれて、「今日は私がやりたい」「今日は僕が腕を振るうから」となったり、『14ひきのあさごはん』のように、みんなで一緒に食卓の準備ができたりすると、日々の食事が本当に幸せな時間になるでしょう。

◆料理を創造する幸せ

作家でありフリージャーナリストでもある佐々木俊尚さんは、結婚以来二人のブランチと夕食を、それこそ楽しんで、創造的に毎日作っておられます。『家めしこそ、最高のごちそうである』には、寝る間もないほどの仕事で病気になり、断食体験をしてから生活がシンプルになったと書かれています。六時に起きてネットの仕事をし、八時にはスポーツジムで汗を流す。帰って二人分のブランチを作って食事を楽しみ、コーヒーを淹れてお昼から七時頃まで仕事。夕食を作って晩ご飯を軽い晩酌とともにしたら、お風呂にはいって十時には就寝といいます。

物書きというのは、その仕事自体が創造的ですが、それに加えて食事を創る楽しみを満喫し、もちろんおいしく食べておられる様子が伝わってきます。今夜何にしようと考えるとき、料理名では決めずに、まず食材を決めると言います。外ではこってりした物が多いので、家めしは野菜中心。そして甘い、酸っぱい、塩味、醤油味、味噌味、クリーム味、カレー味という七種類の味つけから「味」を決め、炒める、蒸す、煮る、焼く、ゆでる、揚げる、あえるという「調理法」を組み合わせれば、出来上がる料理は無限大だといいます。確かに、料理名を決めて、レシピを探してその通りに作っていたのでは、創造的な楽しみは味わえません。

料理する様子を読んでいると、義務感で食事を用意しているのとは大きく違うのを感じます。午後も後半、夕食のしたくの前になると、今日は何にしようかとワクワクしている様子が伺えます。七種の味付けにさらに「がっつりとあっさり」「くったりとカリカリ」「熱いと冷たい」という食感にアクセントをつけるとセンスのいい料理に仕上がるといいます。手抜き料理もやり過ぎ料理もセンスが良くないから、食材の味を大切にし、手順がわずかで手軽に作れる「シンプル料理」がいいというのです。

我が家も畑の都合で送られてくる食材、つまり畑の旬の野菜からどれにするかをまず決めます。農家の人なら、今日の畑で収穫した野菜が食卓に並ぶのでしょう。そして、味の組み合わせを考え、一皿は温かく、一皿は冷たくが定番です。夫は色彩やイメージで料理をし、娘は庭にあるタイムやセージ、ローズマリー、ミント、レモングラスなどのハーブの香りを楽しめるよう、ていねいに料理します。ぬか漬けの担当は私。毎日ぬかに手をいれ、おいしく漬かるように工夫します。レシピは参考程度。レシピに縛られると創造的な料理の楽しみは半減してしまうのです。

◆おいしく食べるご飯が心の扉を開く

料理には五感を使います。食材とののんばーばるcomには観察力がいります。佐藤初女さんは、『「いのち」を養う食』の中でこう言っておられます。「私は料理を作るとき、作業をしながらおしゃべりをすることはできません。下ごしらえから仕上げまで、食材と対話するようにしながら、意識を料理に向けているからです。ほかのことを考える余裕はなくて、一心に料理を作ります。そして、意識を集中して、何度も味見をするのです。…青菜をゆがくときは、『いのちのうつしかえ』の瞬間を逃さず、すぐ引き上げる必要があります」と。食材を観察するということは、食材とののんばーばるcomをするということで、これができれば、水加減や味つけを、数値化されたカップ何杯や小さじ何杯に頼らなくてすむようになります。それには、五感を使って料理することです。

命ある食材を心を込めて料理すると、それは食べる人にも伝わります。初女さんはこう言われます。「食べ物ほどストレートに心を伝えるものはないんです。『自分のことを思ってくれる人がいる』というのが、食べ物を通して伝わって、心の扉が開くんですね。おいしくごはんが食べられたとき、それはエネルギーとなって細胞にしみわたり、元気が出てくるのです」と。命あるものを心を込めて料理し、それをいただいたときに心が開いて元気が出る――ここに幸せを取り戻す原点があるように思います。

■自然に支えられる幸せ

第八章で、自然とののんばーばるcomは、落ち込んだときの閉塞感を開き、糸がきれた風船のような孤独感を癒してくれるとお話ししました。自然という地球上の生き物をみな支えてくれるものがあることに気づくだけで生き方が変わり、感謝して生きるだけで幸せな気持ちになります。

◆懐かしい匂いに導かれた那須の暮らし

高木美保さんという女優さんがいます。都会を離れて、那須塩原での田舎暮らしを始め、『木立の中に引っ越しました』という本を出されました。那須への引越しのきっかけは、ある「匂い」でした。休む間もないほど仕事が舞い込み、うれしい悲鳴が何年も続くうちに、病気を抱え込むようになります。さりとて仕事を休むと忘れられてしまうのではという恐怖心から休めないという状況の中で、この「匂い」に出会ったのです。場所は、ロケで行った青森県の奥入瀬渓谷。それは、雨に濡れた森の足元から立ち上がってくる苔の匂いでした。「深呼吸すると、それが胸の奥まで流れていき、自分でも不思議なくらい気分が落ち着いた」と書かれています。

この匂いの中に何か懐かしさを感じ、それが長野のおばあちゃんの家の匂いだと気づきます。匂いものんばーばる.comだとお話ししました。匂いは懐かしい場所や、懐かしい時代にタイムスリップさせてくれ、懐かしい人を思い出させてくれます。思い出したおばあちゃんは、奥入瀬を訪れた年に亡くなり、懐かしい家は人手に渡り駐車場になってしまったのです。「もし私が祖母との思い出をもっと大切にしていたら、そうできる心の余裕をもって生きていたら、祖母のためにしてあげられることはたくさんあったろうに」と悔やみます。

この経験の後、高木さんは仕事の仕方を変えました。休みを取るようにして、家族や友達と過ごす時間をたくさんもつようにしたのです。「今しなければならない大切なことを見失わないように」と、時々自問するといいます。那須での生活は祖母がくれたのかもしれない、導いてくれたのは奥入瀬の自然、あの時、「こんな場所で暮らしたい」という夢が生まれた、と書いています。

◆めぐる季節とともに暮らす幸せ

その後、『生かされている私　ナチュラリストの幸せ』という本も出されました。この本の表紙には、「もうだいじょうぶ。自然が私を支えてくれる。季節とともに暮らすこと、それは大きな安心感だった」と書かれています。これは私にもよくわかります。季節は必ずめぐってくるのです。そのことが心を安定させてくれます。

自然はもちろんいいことばかりではありません。地震、津波、大雨などの自然災害もあります。我が家も海に直結した大きな川の近くなので、津波はかなり心配です。しかし、日々の暮らしの幸せはこの地にあります。自然を征服するという考えは私の中にはありません。自然と共生するというのも、まだ人のおごりがあるように思います。自然の中の様々な生物の一種として、自然のもたらしてくれる恩恵に感謝しながら生きると、自然は私たち人間を支えてくれると思うのです。

那須の高木さんの暮らしは、我が家の暮らしよりも、更にもっと自然寄りです。ご両親と一緒に有機無農薬でお米や野菜を育てて自給自足。味噌ばかりでなく、こんにゃくや納豆も手作りし、炭焼きもされています。周りにいる動物たちも、野うさぎ、たぬき、きじ、とこちらでは見かけない小動物がいます。春に植えたキュウリの苗は三十本、なすは二十本、トマトは二十五本、とうもろこしが四十本で、毎朝キュウリは二十本も取れるといいます。

手塩にかけた新米で収穫祭をする様子も書かれています。庭の一角に薪を積み、ご飯名人と呼ばれるおばあちゃんが、おこげのある粒の立ったおいしいご飯を炊き上げるといいます。自家製こんにゃくとしいたけの煮物、何種類もの漬け物、ビールが用意された所に、炭火で焼いたサンマと炊きたての新米ご飯が運ばれてきます。一斉に「いただきまーす」。そして、「少しずつそれぞれの顔に満足の笑みが浮かび始め、体の中に自然のエネルギーが充填《じゅうてん》されていく幸福感にホーッと長い息をつく。旬の物をたべることは、自然の生命力をいただくということ。地球が元気でいてくれてこそ味わえる喜びだ。自然とごちそう様にも感謝の気持ちがこもる」と書かれています。

■人と心が通じる幸せ

人は家族や恋人や親しい友人と顔を合わせて一緒に時を過ごすことで幸せを感じます。自分のことを真摯に聴いてもらい、共感してもらえると、「心が通じる幸せ」を感じます。私の人生で一番大変だった時期、大学時代からの親友は、毎日送る私のメールに真剣に応答してくれました。五年に渡るこの友人のサポートがなければ、私はどうなっていたかと思い、心から感謝しています。なぜメールかと言えば、当時海外にいて会えなかったからです。会えたとしても毎日は無理でしたから、こういう時はメールの有り難さを感じたものでした。私たちは大学時代を通して会って話をした時間がたくさんあり、お互いを理解し合ってきた信頼感があるので、メールを読めば相手の顔の表情や声の調子までわかり、いつでも本音で話ができたのです。

十七年間、一緒に仕事をしてきた大学教員時代の仕事仲間は、チームワークが良く、お互いを思いやったりサポートし合ったりすることが、ごく自然にできる仲間です。皆、人権に対する意識が高く、学生思いで、仕事で社会に貢献したいという姿勢をもっています。彼らに会うといつも、一人ひとりが真っすぐに自分の人生を歩み、仕事をし、家族を思って生きていることを感じ、元気をもらえます。仕事上のチームワークはお互いを尊重する気持ち、尊敬する気持ち、信頼する気持ちがないとうまくいきません。口先だけでなく、実際にどう行動するかということの積み重ねが信頼感につながります。もちろん顔を合わせて打ち合わせをし、一つ一つ決めて行くことにのんばーばるcomは欠かせません。気持ちのよい、お互いを尊重し合えるコミュニケーションが、初めから何の苦労もなくできる仕事仲間と出会えたことは、それこそ幸せなことです。

学生たちとは授業を通して出会い、本音でメッセージを語ることで心が通じていきます。特に大学院の授業は、人数も少ないので、私はかなり自分の心を開いて授業を進める方でした。そうすると、学生たちも心を開いてくれて、深いディスカッションができるのです。朝から夕方までの集中授業もありました。その中でディスカッションを深めていくことは、時と場を共有していたからこそ、のんばーばるcomを含めて心を通い合わせたからこそできた内容の深さでした。その中でも、現在ＩＮＶＣ暮らしとアートの研究所のメンバーとして一緒に活動をしている五人の修了生たちは、ワークショップに集まって「毎回みんなで時を重ねていくことの大切さ」と、共著の本を一緒に書き上げ「心を合わせて一つのことを成し遂げる素晴らしさ」を私に教えてくれました。

私の中には、相手と会って話すという、人間としてごくあたりまえの、しかし、一番大切なコミュニケーションがどんどん減って行くことへの危機感があります。のんばーばるcomの機会が減ってくると、相手を察することができなくなります。のんばーばるcomなしにはわかり得ない相手の様子や状況を理解せずに時が過ぎていくのです。そういう状態で交わすメールは相手と気持ちを共有することが難しくなります。便利なメールのある現代でも、人間関係の土台を築くのは「会う」ことだということを忘れてはなりません。

◆日々の暮らしに「笑い」のある幸せ

ポプリづくりの第一人者である熊井明子さんが、『こころに香る詩』という本の中で、「幸福な家庭の作り方（レシピ）」を紹介しておられます。

材料は、愛をカップ四杯、貞節をカップ二杯、寛容をカップ三杯、友情をカップ一杯、希望をスプーン五杯、やさしさをスプーン二杯、信仰を四クウォート（約一リットル）、笑いを一樽です。作り方は、まず愛と貞節と寛容を用意し、そこに信仰を加えてよく混ぜます。次にやさしさ、希望、友情を入れて、さらによくかき回します。その上に笑いをたっぷりふりかけ、太陽の光で焼いて出来上がり。

これは、アメリカ製のリネンクロスに印刷されていたものを訳されたとのこと。多くの人から好感を示されたと書いておられます。幸福な家庭に愛が一番必要かと思えば、愛はカップ4杯。このレシピの中で、一番多いのは笑いの一樽です。いかに、幸せな日々に「笑い」が必要かということでしょう。日々家族の間に心からの笑いがあれば、幸せなのです。

◆小さな幸せを取り戻すには

小さな幸せを取り戻すヒントをもう一度、思い返してみましょう。まず、自然の生命力を身体で、五感で感じることです。太陽、月、星を意識的に見て、遠い宇宙に心を向けてみましょう。波の音、風の音に耳を傾け、磯の匂い、木の匂いを感じましょう。自分の足で歩く、山に登る、海で泳ぐ、潜る、砂浜で波に足をつけてみましょう。命をいただくことに心から感謝して、自然の味を身体中で感じましょう。五感が閉じていると感じたら、開けられる場に出かけましょう。日本中をサイクリングや徒歩で旅するのもいいでしょう。身体で心地よさを感じ、自分の感性を取り戻しましょう。大空を仰いで地球の広さや大きさを感じ、小さなことへのこだわりを捨て、大きな視点からものを見てみましょう。

一人になる時間をもつことも大切です。静寂な時間をもち、立ち止まって自分を振り返ってみましょう。自分の幸せは自分が決めるのです。人と比べない、流されない、一つひとつ自分で選択して決めていくことです。自由な生き方を大切に。人の目を気にしたり、枠にはまった生き方にとらわれたりすることはありません。心を自由にしておくことは、幸せにつながります。失敗を恐れず、自分の道を歩んでみましょう。アートとのんばーばるcomすることで、共感したり、勇気をもらえることもたくさんあります。美しい色も生きる元気をくれます。自らがクリエイティブな時間をもつことは、生きている実感につながります。自分なりの生き甲斐をもつことです。時間泥棒に操られないように、現代社会のスピードに押し流されないように、自分のテンポで暮らし、心に余裕を取り戻しましょう。そして、頑張るのではなく、「人生を楽しむ姿勢」をもつことです。

家族とののんばーばるcomはお互いを思いやる土台になります。相手のイライラを感じたら、自分もイライラで返すのではなく、温かい飲み物、温かい手料理を出してみましょう。家族みんなで料理をし、一緒に楽しい食卓を囲みましょう。家事を義務感ですることをやめ、掃除、洗濯、料理、模様替え、何でもクリエイティブに楽しみましょう。自分たちらしく暮らしのリズムを調え、穏やかに暮らしましょう。そう、「幸せの青い鳥」は自分の家にいるのです。

人とのつながりは、実際に会ってのんばーばるcom を交わすことで深まります。人は皆、自分とは異なる個性をもっているのです。世界の異なる文化をもつ人々はもちろんのこと、同じ日本人でも一人ひとりの生き方や価値観は違って当たり前なのです。多様性を認め、様々な価値観を受け入れる心の広さをもちましょう。どのような価値観であれ、どのような生き方であれ、お互いを尊重し合う心をもつことは、とても気持ちのよい人間関係をもたらします。真心のこもった人とのつながりは幸せを運んできます。

笑顔や前向きな言葉で、ていねいにポジティブな返球を心がけましょう。地域医療や医療の国際協力に尽力されている医師の鎌田實さんは、著書『幸せさがし』の中で、こう言われます。「幸せはブーメランに似ている。人を幸せにしていると、いつか大空に飛び出していった幸せがもどってくる。幸せはそんなふうにできているのだ」と。自分がポジティブな返球をすれば、それは必ず自分の幸せとなって返ってくるのです。

♥ のんばーばるコミュニケーションで幸せの種を蒔く

まず、自分が幸せを感じられるようになることです。穏やかな心を取り戻すことです。それができたら、周囲の人に幸せの種を蒔きましょう。のんばーばるcom で幸せの種を蒔くには、「心からの笑顔」が大切です。やさしい目は相手をほっとさせます。肩に手を置いたり、やさしく叩くことで気持ちが伝わります。歩きにくい所では手を差し伸べたり、手をつないだり、出会ったときや別れる時にも手を取ることで、相手の温かな体温を感じ、心も温まります。元気な声、明るい声は、相手にプラスのエネルギーを与えます。すっと伸びた姿勢からは、前向きな気持ちをもらえます。歩く早さや歩幅を相手に合わせることは、相手への思いやりです。大切な人とは、場を共有し、ゆったり過ごす時間をもちましょう。家族や、恋人、気のおけない親しい友人とともに時間を過ごすことは、本当に幸せなことです。

家族が体調を崩したのは、二〇〇一年の九・一一アメリカ同時多発テロ事件の直後でした。あれから十四年が経ちました。私には世界を揺るがせた事件と一家族に起きたことが、全く無関係とは思えません。現代社会の矛盾について、私たち家族は真摯に向かい合い、何度も真剣に話し合いました。そして、十年前に海の近くに引越し、「地球の声を聴く暮らし」(『のんばーばるコミュニケーションの花束』第八章)を始めたのです。私たち家族は今、日々の暮らしに幸せを感じて生きています。世界はこの十四年間に、幸せを取り戻したでしょうか。地球は健やかに、穏やかに、平和になったでしょうか。私は、自分が専門としてきたのんばーばるcomという視点を伝えることで、一人ひとりが幸せを取り戻すことができるのではないかと感じ、この本を書きました。まずはみなさん一人ひとりが幸せを取り戻し、穏やかな心で日々を暮らせるようになりますように。そして、自分が幸せで満たされたら、その幸せの種を蒔けるようになりますように。この小さな幸せの輪が、生きとし生けるものすべてを支えている地球の幸せにつながりますように。この本がみなさんの幸せの種の一つになることを願って、筆を擱《お》きたいと思います。

♠本の紹介

・いわむらかずお（一九八三）『14ひきのあさごはん』童心社
・鎌田實（二〇〇七）『幸せさがし』朝日新聞出版
・熊井明子（一九九八）『こころに香る詩』清流出版
・佐々木俊尚（二〇一四）『簡単、なのに美味い！　家めしこそ、最高のごちそうである。』マガジンハウス
・佐藤初女（二〇一四）『「いのち」を養う食』講談社＋α文庫
・志村季世恵（二〇〇九）『いのちのバトン』講談社文庫
・高木美保（二〇〇〇）『木立の中に引っ越しました』幻冬舎
・高木美保（二〇〇四）『生かされている私　ナチュラリストの幸せ』講談社
・辻信一（二〇〇八）『幸せって、なんだっけ』ソフトバンク新書
・東山安子＆ＩＮＶＣメンバー（二〇一五）『のんばーばるコミュニケーションの花束～一輪の幸せの花をあなたの暮らしに～』Parade Books

おわりに

二十代から、論文を書くことが私の自己表現の一つでした。しかし、様々な人生の流れの変化の中で、この十年間は筆を断ってきました。その間に海の近くに引越し、自然に寄り添う暮らしを始めたことで、私の中では大きな精神的変化が起こっていたようです。二〇一三年春、恩師にいただいたペンを持ち、自分のメッセージを再び書き始めたとき、私は「論文を書く」という自己表現を卒業したのだと感じました。私の筆から生まれる言葉は、論文とは違ってとてもやわらかいけれど、自分が意識して選択した暮らしのポリシーや生き方に基づいた、地に足のついたメッセージとなって表れたのです。

大切なのはバランスを取り戻すことです。言葉は重要です。しかし、そればかりに頼ってのんばーばるcomに意識を向けないとバランスが崩れ、心の交流は上手くいきません。人とともに時間を過ごす幸せ感ものんばーばるcomがあるからこそです。便利で早くて効率的な都会生活も、行き過ぎると自然の中の生物の一種としての人間の在り方とのバランスがとれなくなります。お伝えしてきた「のんばーばるcomの心」「のんばーばるcomの視点」を日々の暮らしに意識的に取り入れて、幸せを取り戻していただけたら、うれしく思います。

この本は、家族を含め、たくさんの人との出会いがなければ、できあがりませんでした。この本の内容の多くは二〇一〇年春に始めたＩＮＶＣ（Intercultural Nonverbal Communication）ワークショップで話してきたことが基になっています。「ＩＮＶＣ暮らしとアートの研究所」のメンバーである藤田典子さん、大野木かおるアンジェラさん、山口（田島）美和さん、大久保正美さん、仁志田華子さん――彼女たちとの出会いがなければ、この本は生まれなかったでしょう。ワークショップでは、共感し合いながらも様々な意見を交わし、原稿段階でもそれぞれが細かく意見をくれました。また、彼女たちが卒業した立教大学異文化コミュニケーション研究科で、私の担当していた「非言語コミュニケーション論」を履修し、様々な議論に参加してくれた院生のみなさんにも感謝します。

私が十七年間専任として、その後八年間非常勤講師として教壇に立ってきた明海大学外国語学部及び応用言語学研究科で、非言語コミュニケーションと異文化コミュニケーションに関する授業をとってくれた学生たちにも感謝したいと思います。彼らとの授業のひとこまひとこまが、今の私に教えてくれたものはたくさんあります。また、神田外語大学、信州大学、東京女子大学、青山学院大学、日本女子大学の学生さんたちからも、多くを学びました。心からありがとう。

二〇一〇年からほぼ毎年、私に講演の機会を下さる専修大学教授の上村妙子さんと、私の講演を聞いて下さる専修大学の学生さんたちにもお礼をいいたいと思います。三年前に「ノンバーバル・コミュニケーションと五感」と題する話をしたとき、みなさんたちが書いて下さった意見や心を開いて伝えてくれた感想を読んで、私のメッセージが若い学生たちにも伝わるのだというううれしい実感がわきました。また、二〇一五年には、講演を聞いてくれた学生たちの希望で「ワークショップ未来の夢」を開催しました。参加してくれた上村智也君、浦田愛美さん、熊澤翔君、北島竜郎君は、この本の原稿を読んで熱心にディスカッションを重ねてくれました。四人の意見は二十代の若者の声として、私の原稿に息を吹き込んでくれたのです。本当にありがとう。

二十代から長いお付き合いをさせていただいている三省堂の柳百合さんには、今回も友人として大変お世話になりました。思い返せば、子育てをしている時代から柳さんにはよく自宅に来ていただき、お互い顔を合わせての打ち合わせはこの三十数年、変わることなく続いています。今までの専門書とは全く趣の異なる本となりましたが、同年代を生きる友人として後押しして下さったこと、原稿を受け取り、ていねいに読んでアドバイスを下さったこと、心から感謝しています。また、今回の自費出版ではパレード　ピープレス出版部の笹生悠さんに大変お世話になりました。ほぼ同時に出版した共著『のんばーばるコミュニケーションの花束』と二冊、表紙のデザインから本の内容まで、いろいろアドバイスをいただきました。

ライフスタイルを変えるきっかけをくれた二人の娘たちや、日々共感しながら話を交わす夫にも感謝したいと思います。夫は視力が落ちましたが、自分では「眼が悪くなったことで、暮らしの質が上がった」と言うまでになりました。日々の暮らしのリズムを調えることで気力も体力も充実し、三年に一冊、専門書を書き上げます。心が穏やかになり、ピアノの先生に「平和な音がしますね」と言っていただけるようにもなりました。夫を見ていて、どんなことがあっても「幸せは戻ってくる」と私は確信するようになりました。

最後に、この本を手に取って読んで下さった読者のみなさん、私のメッセージを受け取っていただき心から感謝します。お伝えしてきた「のんばーばるcom」という視点を暮らしの中に取り入れ、心豊かに幸せな日々を送っていただけたらと願っています。今後ＩＮＶＣ暮らしとアートの研究所では、「のんばーばるcom」という幸せの種を蒔くためにセミナーを開催する予定です。詳しくは、ホームページ（http://nonverbal-invc.com）をご覧下さい。読者のみなさんと、江ノ島の大きな空、相模湾の広い海から吹いてくる潮風の中でお会いできる日が来ることを心から願っています。

元気で米寿を迎えた母にも感謝を込めて

二〇一五年十一月二十五日

東山安子

愛蔵版に寄せて

牡羊座の新月の日、私は大粒の雨の降る中、鎌倉八幡宮近くにある「銀の鈴社」を訪ねました。併設されているアート・ギャラリーには、草木染めの毛糸展に伺ったこともあり、阿見みどりさんの描かれる万葉の植物画を母のプレゼントにと買い求めに来たこともありました。しかし、出版社を訪ねるのは今回が初めて。少し緊張していました。古民家の廊下を抜け、以前は和室であったと思われる床の間付きのお部屋の応接セットに通されました。お会いしたのは、さわやかな笑顔が印象的な営業担当の西野大介さん、お話の仕方に熱意を感じられる代表取締役の西野真由美さん、そして編集歴五十年のベテラン編集長、柴崎俊子さんのお三人でした。野の花画家、阿見みどりとは、この柴崎さんのペンネームと伺い、詩集と絵本、教養書を中心に出版されている銀の鈴社は、まさに私の視点から見ると「のんばーばるな世界」そのもののように感じられました。本書の内容に共感し「響きあう関係」と言って頂き、私は迷わずここに再版をお願いすることにしたのです。

今回の再版の特徴は四つあります。まず、この本を末永く読者の手元に置いて頂き、人生の様々な節目に頁を開いて頂きたいとの願いから「愛蔵版」と題しました。二つ目に、全国の図書館を通じてたくさんの読者の間を行き来できるよう、ハードカバーのしっかりとした上装本にしました。三つ目に、「コミュニケーションの本質」を学ぶための大学生用テキストとして使ってもらえるよう、各章の章末にある「本の紹介」に手を加え充実させました。これらの本は、必ずや学生たちの気づきを促す読書案内となるでしょう。四つ目に、帯のメッセージをより伝わりやすいものに変えました。幸運なことに、銀の鈴社とのご縁から詩人の谷川俊太郎さんに推薦のお言葉を頂くことができました。「のんばーばるコミュニケーション」という未だ一般には知られていない世界を身近に感じて、手に取って頂ける方が増えてくださるのではと深く感謝しております。

今回の再版では、同時にe－bookも出しました。日本語の本を読みたいのになかなか手に入らない海外留学中の学生たちや海外赴任中の家族、雪深く図書館に行けない雪国の人たち、文字の拡大が自由にできたり、読み上げてくれたりというユニバーサルデザインを使うことで読書ができる視力の弱い方々などに向けて、「紙媒体の本ではないからこそメッセージを届けることができる」という、銀の鈴社の考え方に共感しました。

コミュニケーションは言葉だけではありません。このごく当たり前なことを思い出し、視野を広げることで、コミュニケーションの本質を感じ取っていただけたらと願っております。

二〇一六年七月四日

東山安子

●東山安子（Yasuko Tohyama）

1952年、東京生まれ。日本女子大学大学院・コロンビア大学大学院・シカゴ大学大学院修了。専門は異文化間非言語コミュニケーション論。1988年より、明海大学外国語学部英米語学科専任教員。2005年、52歳で同教授の職を辞し、その後還暦まで、明海大学応用言語学研究科にて「異文化コミュニケーション論」を、立教大学異文化コミュニケーション研究科にて「非言語コミュニケーション論」を教える。2006年に都内から湘南に住まいを移し、2010年より、江ノ島にて「INVC（Intercultural Nonverbal Communication）ワークショップ」を開始。2015年、INVCメンバーとともに、INVC暮らしとアートの研究所を設立。代表を務める。2015年、「ワークショップ未来の夢」開催。INVC暮らしとアートの研究所に於いて、「学問としてのノンバーバル・コミュニケーション」を基に、暮らしをあたたかく、穏やかにするための「暮らしの知恵としてののんばーばるコミュニケーション（のんばーばるcom）」を伝える活動をしている。共著に『日米ボディートーク 増補新装版　身ぶり・表情・しぐさの辞典』（三省堂、2016）、『のんばーばるコミュニケーションの花束』（Parade Books, 2015）など。訳書に『ボディートーク 新装版 世界の身ぶり辞典』（D.モリス著、三省堂、2016）。

連絡先：INVC暮らしとアートの研究所　http://nonverbal-invc.com

表紙デザイン・イラスト画：東山安子

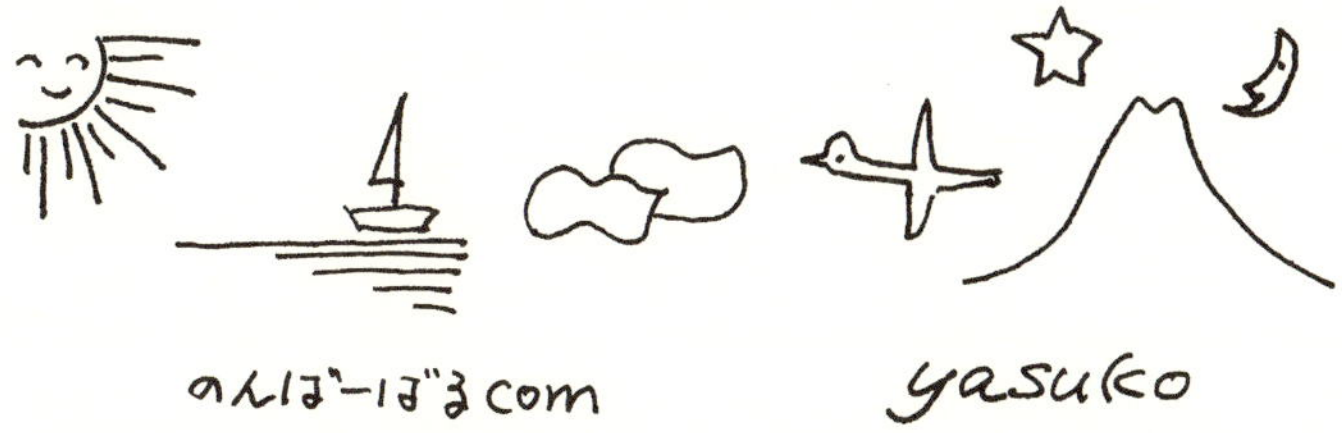

NDC 302　神奈川　銀の鈴社　2016　264頁　18.8cm
（暮らしの中ののんばーばるコミュニケーション　愛蔵版 ～小さな幸せを取り戻すために～）

暮らしの中の
のんばーばるコミュニケーション
愛蔵版
～小さな幸せを取り戻すために～

2016年7月4日愛蔵版一刷発行
本体2,600円＋税
初版　2015年12月11日
株式会社パレード 版

著　　者　東山安子©
発 行 者　柴崎聡・西野真由美
編集発行　㈱銀の鈴社 TEL 0467-61-1930　FAX 0467-61-1931
〒248-0005　神奈川県鎌倉市雪ノ下3-8-33
http://www.ginsuzu.com
E-mail info@ginsuzu.com

ISBN978-4-87786-646-4 C0036
印　刷　電算印刷
製　本　渋谷文泉閣